평생교육활동가를 위한 길잡이

배움의 독립선언, 평생학습

평생교육활동가를 위한 길잡이
배움의 독립선언, 평생학습

초판 1쇄 인쇄 2020년 5월 18일
초판 1쇄 발행 2020년 5월 28일
지은이 정민승
펴낸이 김승희
펴낸곳 도서출판 살림터

기획 정광일
편집 조현주
북디자인 이순민

인쇄.제본 ㈜신화프린팅
종이 월드페이퍼(주)

주소 서울시 양천구 목동동로 293 22층 2215-1호
전화 02)3141-6553
팩스 02)3141-6555
출판등록 2008년 3월 18일 제313-1990-12호
이메일 gwang80@hanmail.com
블로그 http//blog.naver.com.dkffk 1020

ISBN 979-11-5930-144-5 03370

이 도서의 국립중앙도서관 출판예정도서목록(CIP)은 서지정보유통지원시스템 홈페이지(http://seoji.nl.go.kr)와
국가자료공동목록시스템(http://www.nl.go.kr/kolisnet)에서 이용하실 수 있습니다. (CIP제어번호: CIP2020020581)

배움의 독립선언,

평생학습

정민승 지음

배움을

가만히

응시해 보자

무언가를 응시했던 기억을 떠올려 본다. 많지 않다. 바삐 무엇인가를 하느라, 순간에 머물렀던 적이 별로 없다. 잠시 멈춤, 느림, 게으름과 같은 말들이 내 몸에 붙는 걸 두려워했던 것 같다. 인생보다 성취가 우선해서 그랬을 것이다.

주변을 둘러보니 나만이 아니다. 빨리 해내는 건 능력이었고, 바쁨은 성취의 아이콘이었다. 서둘러 무엇인가를 하는 사이, 충만함이나 즐김, 행복 같은 것들이 새어 나가고 있었다. 존재, 본질, 나눔, 돌봄을 아무리 강조해도, 권력과 자본은 속도를 선호했고 그 속도에 편승한 사람들의 발걸음은 느려지기 쉽지 않았다.

그렇게 기성세대를 이루는 어른들에게서 품위가 빠져나갔다. 찬찬히 되짚어 보니, 품위보다 성과를 높이 샀던 건, 아주 어릴 적 학교에서부터였다. '억울하면 출세해야 한다'는 부모님의 결기 어린 눈빛 아래서 공부에 매진했고, 성적이 옳음을 결정했다. 나라가 경제 선진국에 들어선 지금도, 결과가 과정에 앞서는 관행은 여전하다.

학교의 관성은 생각보다 강해서, 학교 졸업 후에도 멈추지 않는다. 아이들은 시험의 문법을 몸에 담고 사회로 나섰고, 사회인이 되어서도 서열과 결과 평가에 얽매인다. 부모가 된 아이들은 더욱 가혹하게 자식들을 닦달한다. 그렇게 수십 년을 지내고 나서 '왜' 혹은 '무엇을 위하여'라는 질문을 던진다. 한국 사회 전체가 그랬다. 이런 질문을 던지는 것은 꽤 오랜 기간 "배가 부른" 일이었다. 가만히 멈추어 서서 자신의 행위를 돌아보는 것. 자신이 어디로 가고 있는지 뒤와 옆을 바라보는 것. 그런 가늠을 우리는 사치 혹은 허세라고 불렀다. 그러는 사이, 인생이 새어 나가고 있었다.

학교의 틀 벗어나서 보면 멈추지 않고 매진하는 것이, 그 바쁜 공부들이, 얼마나 사람을 엉망으로 만들고 있는지 분명해진다. 평생학습은 별게 아니다. 학교가 불어넣은 입시 욕망의 엔진을 잠시 멈추고, 살펴보자는 거다. 학교가 만든 습관과 체계를, 관계와 품성을 말이다.

'평생'이라는 말을 교육 앞에 붙인 이유는, 교육이라는 말만으로는 기존의 학교교육 관행에서 벗어나기 어렵기 때문이다. 평생이라는 말을 붙이면 부모와 조부모까지 학습자로 볼 수 있다. '학습'이라는 말을 굳이 강조한 이유도 동일하다. 교육이라는 말을 쓰면, 자기도 모르게 가르치는 사람의 편에 서서 교육을 보게 되기 때문이다. 빈둥지증후군에 시달리는 주부와 쪽방에서 사는 쓸쓸한 할아버지의 배움은 눈에 들어오지 않는다. 교육이 학습자를 위한 것이라면, 우선 학습자의 편에서, 배움의 시각으로 응시하는 것이 옳다.

이 책은 그런 응시들의 모음이다. 가만히 바라보는 것은, 쭉정이와 알곡을 나누는 일이다. 교사 안에는 꼰대도 있고 스승도 있다. 사랑 안에는 집착의 쏠림과 배려의 관용이 함께 존재한다. 늙어 감에는 신체의 무력함과 영적 성숙이 함께 있다. 다만 사회적 상식이 알곡을 무시했을 뿐이다. 그럼 어떻게 알곡을 키울 것인가. 외피의 안쪽을 응시하는 거다. 배우는 위치를 취하면, 상처와 두려움이 여유와 성장으로 바뀐다. '모르니 알고자 한다'는 입장을 취하면, '이미 아는' 사실들이 변하기 때문이다. 우리는 그것을 평생학습이라 부른다.

이전에 썼던 짧은 글들을 추려, 다시 쓰고 묶어 보았다. 대략 네 개의 장으로 추려졌다. 1장과 2장은 학교를 중심으로 한 우리의 교육 관행을 되짚고, 평생학습의 차원에서 그 의미를 재조명하는 글들이다. 3장과 4장은 평생학습의 렌즈로 보면, 사랑이나 노화, 일상들이 달리 보인다는 이야기를 담고 있다. 장마다 평생교육의 기본 이념과 원리가 징검다리가 되게 배치하였다.

코로나19로 인해 모든 것이 정지하자, 지구의 푸른빛이 살아났다. 대면 모임을 통한 시민사회는 축소되었지만, 동시에 그 만남이 수반하는 위계적 관계도 현저히 약화된 것으로 보인다. 어떤 미래가 전개될 것인지는 우리의 선택에 달려 있다. 선택이란 결국, 우리가 얼마나 열린 자세로 무엇을 받아들일 것인가의 문제, 즉 학습을 말한다. 넓어진 성찰의 공간 속, 평생학습에 관한 더 많은 이야기꽃이 이곳저곳에서 피어나, 척박한 교육의 토양을 촉촉이 적시면 좋겠다. 살림터의 지향성이기도 한 '교육의 제 길 찾기'에 이 책이 작은 보탬이 되기를 희망한다.

2020년 5월
상실과 탄생의 공간, 동숭동에서
정민승

배움의

괴로움

배우고 때때로 익히면… 괴롭다?

- 페다고지에서 안드라고지로

"자, 초등학생때 했던 짧은 글짓기를 하는 겁니다. 교육이라는
말이 들어간 글짓기예요. 한 문장만 쓰면 됩니다."

대학 1학년 교육학개론 수업에서 주로 진행하는 활동이다. 대
개 학생들은 '교육은~'이라는 말로 한 문장을 완성한다. 흥미로운
건, 학습자의 연령대에 따라 완전히 다른 결과물들이 나온다는
거다.

스무 살 남짓의 학습자들은 주로 '교육은 지루하다'는 내용의 글
들을 써낸다. 교육은 감옥이다, 입시 교육은 지옥이다, 부모님들

이 그만 교육시키면 좋겠다…. 아마도 고등학교 졸업까지의 학교 경험이 그리 유쾌하게 느껴지지 않았기 때문일 거다.

반면, 마흔 살이 넘은 소위 '성인 학습자'들은 "교육은 즐겁다"는 메시지를 던진다. 교육은 인생의 벗이다, 교육으로 나의 삶이 풍요로워졌다, 교육은 밥이다, 삶의 빛이 되는 교육이 참 좋다…. 동일한 단어를 사용해서, 완전히 반대의 세상을 그려 내는 글짓기는, 그리 일반적이지 않을 것이다.

장상호 교수가 30여 년 전에 "교육 개념은 정신분열적으로 사용되고 있다"라며 날을 세워 비판하던 현실이, 지금도 그대로 지속되고 있다. 왜 한편에서는 교육이 지루하고 지옥 같고 감옥 같은데, 다른 한편에서는 빛이고, 삶이고, 벗이 되는 것일까?

간단하다. 학교에서의 경험이 '교육=입시'라는 등식으로 해석되고, 그래서 입시의 곤혹감이 교육 개념을 왜곡시켰기 때문이다. 깨달음의 즐거움은 입시의 옹벽 아래서는 여지없이 짓눌린다. 세월이 지나 중년이 되어 고등학교까지의 경험이 희미해지면, 입시교육의 괴로움을 잊은 일군의 사람들은 다시 교육의 가치에 주목하기 시작한다.

때로 선택하면 기쁘지 아니한가

왜 성인 학습자들은 교육을 재미있다고 여길까? 교육과정이 특히 좋다거나 강사진이 특출 난 것이 아니다. "교육을 받고 싶었기 때문"이다. 성인들이 교육을 흥미로운 활동으로 여기는 이유는, 교육기관이 되었건 과목이 되었건, 혹은 활동이 되었건, 그들 스스로 '선택'했기 때문이다. 선택한다는 것은 주체의 힘이 작동한다는 거다. 능동적 선택이 보장될 때, 인간이라는 존재는 몰입하고 깊게 관여하게 되어 있다. 반대로, 선택권이 없으면, 관심은 사라진다. 매사가 그렇다. "오늘부터 이 사람을 사랑하도록 해라"라고 명령을 받았다면 그 연애가 가능할까? 행복의 기반은 자율이고, 자율의 기반은 선택이다.

학교가 재미없는 이유는 기본적으로 학교가 '의무'교육기관이기 때문이다. 국가가 국민의 학습을 '선택'해 주는 것이다. 과목이 온통 의무로 부과된다. 학생들의 자율적 선택이 불가능한 이런 환경에서 학생들을 재미나게 학습하도록 만들기란 여간 어려운 일이 아니다. 없는 동기를 만들어 내야 하기 때문이다. 교사들이 학생들에게 재미난 수업을 하기 어려운 건, 그러니까 구조적인 차원의 문제다. 결국 기를 쓰고 정해진 내용 안에서라도, 어떻게든 아이들이 스스로 선택할 수 있는 여지를 주려고 노력하는 수밖에 없다. 아이들이 학교에서 즐거운 학습을 하고 있다면, 그건 교사의 가공할 만한 노력 덕분이다.

존중받으면 언제나 즐겁지 아니한가

여기에 한 가지가 추가된다. 대개의 성인교육기관은 학습자를 존중한다. 정확하게 말하자면, 교육기관에 등록한 성인 학습자들은 대개 자동적으로 존중받게 되어 있다. 그들은 언제든 수업을 그만둘 수 있으며, 때로는 강사보다도 나이가 많다. 지적 경험과 사회적 지위도 알 수가 없다. 그래서 성인교육론에서는 학습자 분석, 지역요구 분석을 필수적인 내용으로 다룬다. 학습자들을 알고, 그들에 맞는 교수법을 고민해야 학습자들이 기관에 머물 수 있기 때문이다. 존중을 받으면 눈치를 보지 않고 내용에 집중할 수 있다. 집중하고 몰입해야 학습이 재미있어진다.

대부분의 사회에서 몸도 작고, 힘도 지식도 얕은 아이들이 성인처럼 존중받기란 쉽지 않다. 더구나 편견이나 차별이 심한 사회에서는 나보다 작고 열등한 존재를 존중하는 것은 자신을 낮게 평가하는 것으로 여겨지기 때문이다. 쉽게 제압할 수 있는 대상에 충분히 귀를 기울이려면 스스로가 얼마나 미약한 존재인지를 성찰할 수 있는 내적인 힘이 있어야 한다. 이 힘이 성숙이고, 평생학습은 그 힘을 만드는 과정이다.

우리 사회에서는 심지어 '존중하지 않아야 겸손히 배운다'는 신념으로 학습자를 반쯤 학대하는 경우도 적지 않다. 아마도 그 학대는 자신이 어릴 적 받았던 학대일 가능성이 높다. 어린 시절 학대는 자신의 정체성에 통합되어, 정당화된다. 존중은 사람을 스포일(spoil)시킨다는 거다. 하지만 이는 완전히 잘못된 생각이다. 아주 어린 아이들도 존중을 받으면 자존감이 높아지는 건 물론, 몰입도도 높아진다.

성인을 대상으로 하는 교육론인 안드라고지(andragogy)의 교수법을 그대로 아이들의 페다고지(pedagogy)에 적용하면 아이들의 성취수준이 올라간다. 안드라고지의 핵심은 '학습자 존중'이다. 학습자의 경험을 존중하고, 학습자가 자율적이라고 믿으며, 현재의 문제의식을 최대화시킨다. 이렇게 하지 않으면 성인 학습자는 교육현장에 오지 않으니 어쩔 수 없이 만들어진 교수법이다. 그런데 성인을 위한 이 교수법이 아이들을 위한 교육에도 적용 가능할 뿐 아니라 효과적임이 입증되었다. 그저 성인의 시각에서 아이들을 미숙하다고 존중하지 않았을 뿐이다. 몇 년 전 아이들의 혁신 교수법으로 주목받은 '자기주도 학습'의 매뉴얼도 사실은 1970년대에 터프(Allen Tough)에 의해 개발된 성인 대상 '학습 프로젝트'의 결과

물이다.

그런데 아이들에 대한 존중을 적용하고 실천하기는 쉽지 않다. 존중은 교수법이 아니라 관계이고, 문화이기 때문이다. 어린 학습자들에 대한 존중이 가능하려면, 지위 고하나 경제력 여부와 관계없이 인간을 존중하는 문화가 있어야 한다. 그 문화 위에서 교육자가 학습자에 대해 성실하게 연구하고, 학습자의 요구를 파악하려고 해야 한다. 성인교육자에 대한 연구는 한결같이, 교육자의 '관계적 역량'을 강조한다. 성인교육자는 학습자에게 필요한 것을 찾아내어 제공하는 능력을 갖추고 있어야 한다. 학습자가 '잘 배울 수 있도록', 즉 교육 내용이 학습자의 경험과 통합될 수 있도록 돕는 촉진자(facilitator)가 좋은 교육자라는 것이다. 이것은 강의를 잘한다거나, 카리스마가 있어 집중을 잘 시킨다는 것과는 전혀 다른 범주의 능력이다.

관계 맺을 줄 알면 이 또한 선생이 아닌가

파머(Palmer)는 그의 책 『가르칠 수 있는 용기』에서, '좋은 교사'는 그 교사의 개인적 정체성이 아이들과의 관계에 스며드는 그런 교사라고 말한다. "위대한 교사는 학생, 주제 그리고 그들 자신 사

배움의 독립선언, 평생학습

이에 관계의 망을 엮어 내는 사람들"(11)이다. 앎과 가르침과 배움은 단지 지식을 전수하는 것이 아니라, '깊은 인간적 의미'와 '위대한 인간적 목적'을 가진 활동으로, 우리 자신과 이 세계의 변화에 기여하는 활동이기 때문에, 그것은 새로운 관계를 만드는 일이 된다. 단지 테크닉으로 환원될 수 없는 영적인 작업이라는 것이다. 지성의 참된 역할은, 전에는 도달하지 못했던 것들과 우리를 연결시켜 주는 일, 삶의 위대한 공동체를 다시 엮어 주는 일이다. 좋은 교사는 다양한 방법들을 통해, 학생들을 살아 있는 관계로 인도한다.

반면 '나쁜 교사'는 추상적이고, 자신이나 학생, 그리고 교과 내용과 거리를 둠으로써 자신이 하는 일이나 가르치는 과목과 자신을 분리시킨다. 그들의 말을 들으면 "말은 그들의 얼굴 앞에서 둥둥 떠다닌"다(47). 내면에서 올라와 인격과 결합한 말이 아니라, 사람과 분리된 메시지만이 전달된다는 것이다. 다시 말해, '잘 가르치는 사람'은 내용을 잘 전달하는 사람이 아니라, '교육적 관계'를 잘 맺는 사람인 것이며, 학습자는 스스로가 주체 의식을 가지고 배움에 임할 때, 생생한 존재감을 느끼며 즐거움 속에서 성장할 수 있게 된다는 것이다.

좋은 교육은 잘 '전달하는' 것이 아니라, 잘 '관계 맺는' 일이다. 더 많은 지식을 전달하는 것이 아니라, 학습자들이 더 많이 알고 싶다는 마음을 갖도록 하는 것이다. 충분한 존중과 자유로운 표현이 열리는 공간이 참된 교육기관이다. 인간의 지성은 관계 속에서 열리고, 존중을 받으며 자라난다. 학교의 의무감 속에서는 배우고 때로 익히는 것이 괴롭다. 학교 밖으로 나와 학습 의지가 생기면, 배우고 때로 익히는 것이 즐겁다. 배우고 때로 익힘(學而時習)이 즐거운 이유는, 소외된 익힘, 관계가 삭제된 배움이 아니기 때문이다. 우리는 타인으로부터 배우고, 스스로 익혀서 더 깊어진 생각들을 다시 나눈다. 그것이 좋은 교육이다.

평생교육은 의무교육의 틀거리 위에서 해체되었던 관계를 복원하기 위해 시작된 일종의 '운동'이다. 일방향적으로 쏟아지는 정보의 홍수와 강고한 제도의 틀을 벗어나, 배움을 통해 관계를 만들어 가는 '유연함의 회복 운동'이다. 수많은 성인들이 이미 증거하고 있는 '즐거운 교육'의 원형을, 이제 일상 곳곳에서 만들어 갈 때다.

꽃을 꺾는 교육에서
꽃을 심는 교육으로

교육을 다시 호명하자

교육이란 무엇일까? 의외로 이에 대한 답은 사람들마다 제각각이
다. '인간의 계획적 변화'라는 믿음에서 '가르치고 배우는 과정'이
라는 정의에 이르기까지 교육에 대한 관점과 정의는 적대적이라
고 할 정도로 그 스펙트럼이 다양하다.

'인간의 계획적 변화'나 '인간을 만드는 일'이라고 교육을 규정
하는 사람들은 인간을 '원하는 대로 변화시킬 수 있는 존재'로 본
다. 주형틀만 있다면 흙으로 동일한 모양의 그릇을 구워 낼 수 있
는 것처럼, 마음을 빚어 특정한 사람을 만들어 낼 수 있다고 생각
한다. 인간이란 동물과 마찬가지로 자극에 따라 반응하도록 되어

있는 존재라고 믿는 사람들은 이런 믿음을 가진 사람들일 것이다. 우리는 알게 모르게 우리보다 힘없는 존재를 대할 때 이런 자세를 가지게 된다. 아이들을 손쉽게 변화시킬 수 있다고 보는 어른들의 시각을 그대로 투영한 것이 바로 '학교 패러다임'이다.

이와 반대로, '인간은 스스로 깨달아 가면서 자신을 창조하는 존재'라고 보는 입장이 있다. 이 입장에서 보면, 자연적 존재를 훼손하는 모든 제도적 강압은 악(惡)이다. 아이들이 원하는 대로 두는 것, 자연 상태로 놓아두는 것, 그 자연스러운 경험을 통해 아이들이 깨달을 수 있도록 돕는 일이 교육이 할 수 있는 최상의 작업이다. 이런 시각에서 보면 교육은 그저 학습자들이 스스로 배워 나가는 과정을 돕는 일이다.

가만히 생각해 보면, 우리는 그 중간 어디에서 산다. 억압도 자유도 완전하게는 불가능하다. 이런 점에서 교육을 '경험의 계속적인 재구성'으로 정의하면서 유기체와 환경의 상호작용을 강조했던 듀이는, 교육에 대하여 역동적이면서도 본질적인 접근을 했던 학자라고 할 수 있겠다. 듀이가 주장했던 '아동중심교육'이란, 아동의 흥미를 무조건 따르자는 주장이 아니라, 아동이 처해 있는 상황과 아동의 발달단계를 고려하여 아동이 관심을 가질 만한 내용을 선택하여 교육을 진행한다는 의미이며, 아동이 더 높은 지적 단계로 나아가도록 관심을 유발하자는 주장이었다. 현실의 문제를 풀어 나가면서 그 안의 '원리'를 파악하는 것. 현실적인 관심과 추상적인 원리의 고리를 제공하는 것이 교육의 핵심이었던 것이다. 이런 시각에서 보면, 교육이란 "인간의 가능성과 성장을 실현해 나가도록 돕는 사회적 활동"(조화태, 2012)이다.

'평생교육'이라는 새 이름으로

평생교육은 이런 교육 개념을 현대사회에 적합하게 호명하는 방식이다. 평생교육은 정책적 차원에서는 성인교육이나 사회교육을 지칭하는 것으로 간주되기도 하지만, 학교 중심 패러다임과의 단절이라는 특징을 개념적 핵심으로 삼는다. 교육의 유형이나 실천 영역이 아니라 새로운 '패러다임'이라는 것이다. 패러다임이란, 쿤(Thomas Kuhn)이 말했듯이 "한 시대의 사람들의 견해나 사고를 근본적으로 규정하고 있는 인식의 체계 또는 다양한 사물에 대한 이론적인 틀이나 구조"(Kuhn, 1962)를 말한다.

교육이라는 장에도 당연히 패러다임이 있다. 현재로서는 '학교에서의 교육'이 지배적인 교육의 패러다임이다. "교육"이라는 말을 듣는 순간 떠오르는 어떤 것, 누구나 그런 식으로 생각할 법한 어떤 것, 그것이 현재의 지배적인 교육의 패러다임이다. 말하자면,

'전달'로서의 교육, '가르치는 자 중심'의 교육, '상급 기관'을 위한 교육이 오늘날 학교의 저변에서 작동한다.

교육이 학교교육과 동일시되는 상황에서는 학교교육과 다른 교육이 탐색되고 논의될 여지가 별로 없다. 교육이 학교교육으로 환원되면, 자유로운 학습이나 성인들 대상의 다양한 교육은 '학교교육 외'라는 여집합으로 남는다. 패러다임으로서의 평생교육은, 이런 여집합적 한계를 넘어선다는 점에서 주목해 볼 만하다. 이미 1965년에, 랭그랑은 유네스코 성인교육 국제위원회에서 평생교육에 대하여 다음과 같이 역설하였다(Lengrand, 1970).

> 인간은 태어나 죽을 때까지 평생을 통해 교육받을 권리가 보장되어야 한다. 그리고 이것을 위해 새로운 교육제도가 만들어져야 한다. 이제 파편화되고 분절되어 있는 교육제도들은 인간의 종합적 발달이라는 축을 중심으로 해체되고 재구성되어야 하며, 이것은 가히 교육의 혁명을 의미하는 것이다.

그는 "청소년을 위한 교육과 성인을 위한 교육이 분절되어 있어 상호 의존의 관계가 성립되어 있지 않으므로 이들의 역할 분담을 분명히 하여 교육의 구조를 변화"시켜야 한다고 보았다. 그는 기존의 교육이, 원래적 의미의 '교육'을 구현하고 있지 못하며, 그 이유가 바로 교육 간의 '분절'이라고 보았던 것이다. 따라서 그가 제시한 평생교육은 교육 간 분절이라는 구조를 변화시킬 '원리'였으며, 그 원리란 '수직적' 차원과 '수평적' 차원의 통합이었다. 교육과 관련해서 보면, 한 인간의 성장을 이루어 가는 데에서, 지금까지 '통합'이 제대로 되어 있지 않았으므로, '평생'교육을 통해 이런 통합을 이루어 내자는 의미인 것이다. 이런 견해에 입각하여 유네스코는 다음과 같은 정의를 제출한다(Delors, 1996).

> 평생교육이란 평생을 통한 계속적인 교육을 의미하며, 급변하는 현대사회에서 일정 연령층을 대상으로 하는 학교교육과 그 외의 제반 교육자원을 효율화함으로써 교육역량 극대화를 지향하는 총체적인 노력이다.

랭그랑의 견해는 '계속'과 '일정 연령층을 대상으로 하는 자원 효율화'라는 말로 구체화된다. 랭그랑의 '수직적 통합'이란 태어나서 죽을 때까지의 '계속성'을 말하며, '수평적 통합'이란 사회 전체에 걸쳐 일정 연령층에는 누구나 교육을 받을 수 있는 '일관성'을 의미한다. 이렇게 보면, 유네스코의 정의는 좀 더 구체적으로 전략적 차원에서 평생교육의 방향을 제시해 준 것이다.

이후의 평생교육의 흐름은 랭그랑의 〈교육혁명선언〉의 다양한 변주였다고 해도 과언이 아니다. 대표적으로, 포르 보고서는 충실한 현장 연구를 거쳐 초중등 및 고등교육제도가 "수많은 장애물과 장벽, 그리고 차별" 그 자체라고 지적한다. '분절'되어 있는 교육은 사회라는 구조를 경유하면서 '차별'이 된다. 너무나 당연한 '인간으로서의 권리'인 교육을 향유하기 위해, 인간은 사회의 교육제도에 대해 투쟁하고, 변화를 요구해야 한다는 것이다. 이런 점에서, 진보적 시각에서 평생교육체제를 강조한 겔피의 다음 정의 역시 음미해 볼 만하다(Gelpi, 1985: 40).

> 학교교육과 학교 졸업 후 교육훈련을 통합하고, 형식적 교육과
> 준형식적 교육의 관계를 발전시켜 개인과 지역사회가 최대한 문
> 화적·교육적 발달을 실현할 수 있도록 교육정책의 중심적 요소
> 를 구성하는 것(을 말한다).

'교육정책의 중심적 요소'를 '학교'가 아닌 '모든 이의 일생'에서 찾자는 요청이 바로 평생교육이라는 개념이 출현하게 된 동력이었던 것이다. 우리가 너무나 쉽게 이야기하는 '언제 어디서나 누구나' 학습할 수 있는 사회는, 엄밀하게 말하자면 계급적·성적·인종적·지역적 차원에서의 차별이 없는 사회, 혹은 교육제도를 말한다. 평생교육은, 우리의 다음 세대인 '미래'는 '완벽히 평등하고 충실한

교육제도'에 의해 키워져야 한다고 외치고 있는 것이다.

이런 점에서, 평생교육은 '모든 이'에서 출발하는 '학습 지원'의 '통합적' 교육으로 볼 수 있으며, 기존 교육의 패러다임과 단절하는 부분도 학습자-지원-통합의 세 지점이라고 할 수 있다. 문화적 차원에서 보면, 평생교육, 정확히 말해 평생학습운동은 우리 사회의 코드를 바꾸고 있다. 찾아가는 평생학습상담이나 마을만들기 활동, 문해교육운동이나 시민 제안 프로그램, 동아리 지원과 학습동아리를 통한 사회적기업 만들기 등은 삶의 결을 바꾸어 놓은 평생학습운동이다.

평생교육 활동가들은 다양한 영역에서 교육의 원래적 모습을 찾아 실천하기 위해 노력하고 있고, 수많은 인문학교육과 문화예술교육이 노숙자나 재소자 등 쇠락했던 인생에 새로운 변화를 일으키고 있다. 평생교육은 5공화국의 정신개조 훈련처럼 자칫 성인에 대한 이데올로기 공세가 될 수도 있었지만, 이미 배움의 주체성을 확보한 시민들은 평생학습의 주인으로서 그 방향을 만들어 가고 있다(김신일, 2020). 시민 학습자들의 주체적 패러다임 안에서 교육은 새로운 문화를 만들고, 삶을 다시 살게 하고, 관계를 가꾼다. 그렇다. 평생교육은 꽃을 심는다. 꺾은 꽃을 꽂지 않는다.

1972년에 발간된 포르 보고서
<존재를 위한 학습(Learning To be)>

세계 교육의 문제를 평생교육적 차원에서 제시한 최초의 보고서. 사회와 교육은 불가분의 관계로, 현대사회는 과학기술의 혁명, 인구수 폭발 등의 사회 변화가 개인의 존재 기반, 교육 시스템 전반에 중요한 영향을 미치고 있다고 지적하면서, 당시 교육의 문제점을 진단하고 미래교육이 나아가야 할 방향을 제시하고자 하였다.

'전인적이고 자기다운 인간'을 기르기 위해서는 교육이 새로운 방향을 지향해야 하며, 구체적으로 교육은 평생을 통해 새로운 지식을 받아들이며 학습하는 자세인 '살기 위한 학습', '배우기 위한 학습'을 촉진해야 한다고 주장하였다. 온전한 인간은 자유롭고 비판적으로 생각할 수 있는 학습을 필요로 하고, 세계를 사랑하고, 창조적으로 일할 수 있는 능력을 발달시킬 수 있는 학습을 만들어 나가는 것이 교육의 몫이라고 보았다.

포르 보고서에서 제시된 '평생교육을 통해 지향하고자 제시하는 네 가지 교육 목표'는 다음과 같다.

"우선 교육의 목표는 과학적 인본주의에 있다. 이는 과학적 지식, 사고, 언어가 세계와 사회참여를 가능하게 하는 핵심 지식이며 객관성 추구, 변증법 및 상대주의적 사고의 계발에 중심을 두는 것이다. … 인간중심적 사고 하에 과학을 활용해야 한다. 둘째, 창조적 인간성을 계발하는 데 있다. … 셋째, 사회헌신, 봉사지향의 인간을 계발하는 데 있다. 넷째는 완전한 인간을 추구하는 데 있다. 마지막으로 인간의 능력은 단순히 지식이라는 도구의 획득만을 의미하는 것이 아니다. 교육에서 기본적 목표에 대한 넓은 정의는 신체적, 지적, 정서적, 윤리적 통합을 통한 완전한 인간을 지향하는 것에 있다"(Faure, 1972: 148-156).

[1부] 세계 교육의 현황(Part One: Findings)
20세기에 들어 밝혀진 세계 교육의 현황과 문제점을 제시하며, 초기 사회부터 현대사회에 이르기까지의 교육의 역사를 간략하게 검토한다. 변화하는 세계의 교육 발전과 관련된 주요 이슈들을 다루며, 해결책을 찾기 위해 '비판적 고찰'을 견지하고 있다.

[2부] 세계 교육의 미래(Part Two: Future)
기술 발전, 미래의 도전, 목표 등 미래교육의 과제를 제시하고, '완전한 인간(Complete man)'에 대한 논의를 전개하고 있다. 완전한 인간을 위한 개인의 신체적, 지적, 감성적, 윤리적 완성이 교육의 가장 기본적 목적이며, 이러한 완전성을 추구하고 지원하는 것이 사회의 의무라는 것이다.

[3부] 학습사회를 향하여(Part Three: Toward a Learning Society)
보고서의 핵심이자 결론 부분으로, 학습사회를 향한 전략과 공동 책임을 제안하며 몇 가지 교육 전략을 제시하고 있다. 예컨대 학교는 질적 개선이 수반되어야 하고, 평생학습은 학습사회의 실현을 위한 초석이며, 평생교육은 교육체제 내에서 수직적, 수평적 이동이 가능하도록 하는 교육정책의 마스터 개념이라는 것이다.

꼰대의 목소리,
자기의 목소리

그들의 뻔한 말, 말, 말!

타인의 가치관과 신념은 무시한 채 자신의 편협한 잣대로 상대방을 재단하려는 꼰대에게 바칩니다. 이것이 잘못됐다고 목소리를 내면 철이 없다고 핀잔주는 친구들에게도 바칩니다.

그룹 웨터의 앨범 〈꼰대〉에 수록된 내용이다. 타인의 의견을 무시하고 자기가 옳다고 믿을 뿐 아니라, 그걸 '내세우는' 사람. 그걸 잘못되었다고 하는 이야기조차 용납하지 못하는 자. 그게 꼰대라는 거다. 대개는 누구에게나 부모나 선생님이 꼰대다. 누군가에게 자신의 고정관념을 강요할 때 꼰대가 되는 것인데, 가까울수록 꼰대 짓을 하게 되기 때문이다.

꼰대는 위계관계를 전제로 한다. 주로 윗사람이 아랫사람에게 '의미 없는 옳으신 말씀'을 하지만 반발할 수도 없는 그런 상태에서 꼰대가 탄생한다. 꼰대는 껍데기의 위계다. 꼰대는 같은 내용을 반복하는 고장 난 레코드판에 가깝다. 너무나 당연히, 누구도 좋아하기 어려운 사람이다. 그런데 왜 이들은 뻔한 이야기를 반복하는 걸까? 과연 꼰대는 자신이 꼰대인 줄 알까? 다시 너무나 당연히, 꼰대는 스스로가 꼰대인 줄 모른다. 진정으로, 그리고 진심으로, 껍데기 말을 하고 있기 때문이다.

가만히 그 내면을 들여다보면, 꼰대에게는 애정과 관심이 있다. 정확하게 말하자면, 넘쳐나서 문제다. 부모와 교사, 친척과 선배는 자녀와 학생, 후배에게 더 나은 무엇인가를 알려 주고 싶어 한다. 그들은 인생에 실패하기도 했고, 성공하기도 했다. 그 경험은 고유하고 유일한 것이기도 해서, 아이들을 만나면 불쑥 튀어나온다. "내가 해 봐서 아는데…"

'해 봐서' 안다고는 하지만, 사실 이들은 '세상의 목소리'에 갇혀 있다. 아이들이 건강하게 자라기보다는 잘 적응해서 살아가길 바란다. 문제를 일으키기보다는 정해진 규범을 따라 물의를 일으키지 않고 지내기를 바란다. 상식을 넘어서지 못하는 이야기들이다. 이것이 '알맹이'가 되지 못한 '쭉정이'의 언어다.

자아의 껍데기만 만드는

꼰대는 그러니까, 자신의 목소리를 잃은 사람이다. 입을 열어 봐야 지루한 상식, 감동을 잃은 교훈, 근거 없는 도덕성 같은 껍데기 말밖에 할 수 없는 사람이다. 이런 사람이 맺은 위-아래의 관계에서는 존경이 슬그머니 빠져나간다. 사장님의 연두연설, 명절 친척들의 한마디, 지하철에서의 노인의 호통 등등 껍데기만 남은 말은 일상 여기저기에서 수시로 등장한다.

껍데기 말은 설득력이 없다. 설득은 감동을 동반해야 하는데 이 말들에는 온기가 없기 때문이다. 감동은 사람의 체온을 경유해서 생겨난다. 그런데 이들은 '나'의 고유한 경험이나 '삶' 속에서 녹여 온 원칙을 말할 줄 모른다. 남의 시선으로 나를 재단하며 살아왔기 때문이다. 사회의 틀에 자신을 그대로 맞춰 살았기 때문에 자신의 목소리는 없는 거다. 시어머니가 며느리에게 감동을 줄 때는 가부장제를 뚫고 며느리를 인격적으로 대접할 때다. 부모가 감동을 주는 것도 출세 강요의 사회에서 아이들의 마음을 헤아릴 때다.

대개의 꼰대는 스스로를 돌볼 기회를 놓친 채, 사회의 요청에 부응한 사람들이다. 그런 시절을 보내면서, 이들은 자기 자신을 사랑하기보다는 자기 능력을 중시하게 되었고, 어느 정도 사회적 지위를 얻게 되자 그간의 과거를 과시적으로 내보이기 시작한 거다. 이는 잃어버린 자아를 지위나 능력의 포장지에 싸서 좀 더 멋지게 보이는 일이기도 하다. 시간이 지날수록, 아랫사람의 무반응은 긍정으로 해석되기 시작한다. 멀리 갈 것도 없다. 공부 잘해라, 좋은 친구 사귀어라, 결혼해라, 승진해라, 노력해라, 아이 낳아라… 나이가 들면서 한두 번쯤은 해 보았을 이 말들이 바로 그 껍데기 말들이다. 꼰대는 사랑도 있고, 관심도 있으나, 상대의 자율성을 인정하지 않는다. 세월이 가져다준 교만이다.

배움 없이 가르침만 붙드는

상대의 자율성을 인정하지 않는 건, 상대를 자기 마음대로 할 수 있는 대상으로 본다는 말이다. 거기에는 존중이 없다. 나는 이런 시각이 왜곡된 가르침과 깊이 연결되어 있다고 생각한다. 교사 가운데 꼰대가 많다. 왜일까? '가르치는 일'을 특화해서 하다 보면 '내가 남보다 나으니 지적질을 해 줘서 고쳐야 한다'는 믿음이 생기기 때문이다. 배움이 빠진 가르침, 내용이 없는 훈화, 가르침만 남은 관계가 꼰대의 특징이다.

부모가 꼰대가 되는 것도 같은 맥락이다. 아이들에게 본보기가 되어야 한다고 믿는 많은 부모들은 '자녀들은 세상을 모르니 나서서 가르치고 알려 줘야 한다'는 일종의 책임감이 있다. 하지만 어리다고 해도, 생명은 본능적으로 자기 나름의 성장 동력을 가지고 있다. 위험만 제거해 주면 알아서 산다. 부모가 내리는 지시와 명령은 아이들이 본래 가지고 있던 성장의 동력에 일정한 제동을 거는 일이다. 그러한 '양육'이라고 여기는 상식, '가르쳐야 인간 된다'는 오만이 관계를 망치고 있는 것이다.

사실 가르친다는 것은 명령하거나 지시하거나 설명하는 일과 아무 관계가 없다. 가르침은 물이 흘러갈 수 있도록 도랑을 파 주는 일이고, 씨앗이 움틀 수 있도록 흙을 골라 주는 일이다. 그런데 학교가 등장한 이후 가르침은 강의가 되어 버렸다. 강의는 1 대 다수의 일방향적 소통을 전제로 하는 설명을 말한다. 설명은 지식의 우열을 전제로 하여, 시험이라는 평가로 마무리된다. 듣는 사람의 내면은 살피지 않고 정해진 내용을 전달하고 평가하는 것이 '옳은 일'이 되어 간다. 교사는 더 우월한 교사를 따라가고, 부모는 교사를 따라가고, 점차 아랫사람은 윗사람의 이런 관행을 따라가기 시작한다. 레베카 솔닛은 오빠를 그 대열에 넣는다. '오빠가 설명해 줄게!'라는 남성들의 태도는 '맨스플레인(mansplain)'이라고 명명된다. '오빠의 설명(man's explain)'은 우월함을 뽐내는 껍데기 메시지와 다름없다.

"너도 살아 봐라. 알게 될 거다."

가장 궁색한, 그러나 가장 강력한 설득의 방식이다. 설명이 통하지 않으면, 꼰대들은 돌아서며 중얼거린다. 이유를 댈 수는 없지만, 자기가 옳다는 거다. 거짓말 혹은 오류다. 자신이 한 말이나 행동을 바꿀 수도, 바꿀 줄도 모르기 때문에 매달리는 최후의 멘트다.

그러면 꼰대의 늪에서 어떻게 빠져나올 수 있을까? 알맹이가 채워지고 있는지를 충실히 점검하는 것이 그 시작일 것이다. 그 일은, 나이가 가져다준 지위를 버리고, 자기가 '배워야 하는 사람'임을 선포하는 것이다. 아래 자리로 내려와 상대를 살피고, 설명을 포기하는 일이다. 소크라테스가 말한 '너 자신을 알라'라는 말은, 자신이 모른다는 사실을 인정하라는 것, 곧 배움의 자세를 취하기 위해 온몸을 던지라는 것이다.

알곡과 쭉정이 가운데

'평생학습'이라는 말을 가만히 생각해 보자. 성인이 되고 직장을 가지더라도, 나이가 더 들어 노인이 되어서도, 학습이 지속되어야 한다는 말이다. 이때의 학습은 학위나 자격증을 위한 학습을 말하는 것이 아니다. 세상의 이치와 변화를 배우고, 그것을 자신의 내면과 연결시켜 익히는 것이 학습이다. 세상에 대한 이해와 자기 내면의 성숙은 사람을 사람답게 만드는 기반이다. 학습은 존재의 근원이라는 말이다.

계속 배우고 익히며 살아갈 때, 자신에 대한 성찰과 그에 기초한 '나의 목소리'가 생겨난다. 자기 나름의 취향과 선호가 피어난다. 평생학습을 통해서만, 인간은 제도가 부여해 준 껍데기의 말들에서 벗어나, 자기만의 알곡을 만들어 가게 된다. 내면이 채워진 사람은 계속해서 배운다. 그것이 삶의 역동을 만들기 때문이다. 절대로 남에게 가르침을 강요하지 않는다. 껍데기만 남는다는 걸 알기 때문이다. 이렇게 해서 평생학습의 철학을 갖춘 사람은, 잘 가르치는 사람이 된다.

교육의 신비는, 관계의 신비이고 성장의 신비다. 좋은 교육은 존중하는 관계를 말하고, 존중은 성장의 기반이 된다. 잘 가르치는 사람은 배우는 사람을 잘 읽어 낼 줄 아는 사람이고, 잘 배우는 사람은 가르침에 열려 있는 사람이다. 꼰대는 관계에 무심하고, 성장에 무감하다. 나이와 지위의 울타리 안에서 안전하다고 착각할 뿐이다.

울타리가 강고하면, 빛이 투과되지 못한다. 알곡은 건강히 커나갈 수 없다. "모든 곡식을 키질하여 알곡은 곳간에 모아들이고 쭉정이는 꺼지지 않는 불에 태우실 것이다." 누가복음 말씀이다.

배움의 독립선언, 평생학습

이런 정도로 강력한 비유가 있을 때에야 비로소, 우리는 자기의 울타리를 다시 보게 된다. 평생학습은 우리에게 성찰을 요청한다. 가차 없이 불에 태워질 것이라는 위협 앞에서야 비로소, 우리는 어느덧 자라 있는 '우리 안의 쭉정이'를 바로 보게 된다.

진정한
학습권의 조건

수업을 받을 권리 vs 수업을 선택할 권리

이제는 제법 학습권이라는 말이 익숙해졌지만, 10여 년 전만 해도
학습권은 낯선 용어였다. '학습'은 '의무'인 사회에서, 학습이 '권리'
로 인식되기는 쉽지 않았기 때문이다. 법적으로도 처음 '학습권'이
등장한 시점은 2010년이 다 되어서다. 2007년 9월 20일, 전교조
의 수업거부에 대한 대법원의 판결문을 보자.

> 학교교육에 있어서 교원의 가르치는 권리를 수업권이라고 한다
> 면, 이것은 교원의 지위에서 생기는 학생에 대한 일차적인 교육
> 상의 직무권한이지만 어디까지나 학생의 학습권 실현을 위하여

배움의 독립선언, 평생학습

인정되는 것이므로, 학생의 학습권은 교원의 수업권에 대하여 우월한 지위에 있다. 따라서 학생의 학습권이 왜곡되지 않고 올바로 행사될 수 있도록 하기 위해서라면 교원의 수업권은 일정한 범위 내에서 제약을 받을 수밖에 없고, 학생의 학습권은 개개 교원들의 정상을 벗어난 행동으로부터 보호되어야 한다.[1]

당시, 교사들이 수업을 들어가지 않은 사태에 대하여, 대법원이 '학생의 학습권'을 내세워 위법함을 선언한 것이다. 학생이라는 '학습 주체'가 학습하기로 한 결정을 보장하는 것이 학습권의 실현이고, 이 학습권은 교사의 수업권보다 우월하다. 전교조의 부도덕함을 질타하기 위해 학생의 '학습권'이 사용된 것이다.

하지만 학생의 입장에서 생각해 보자. 학교에 다니는 학생은 자신의 학습을 선택할 권리가 없다. 학생은 정해진 수업을 받아야만 하며, 그래서 학교교육은 의무교육이다. 이런 상황에서 수업을 받는 것이 학생들의 '권리'일까? 국가나 부모가 아이들을 강제로 교육받도록 만든 상황이라면, 수업이란 아이들의 '학습권'을 침탈한 상황이 아닐까? 정해진 교과를 수업받는 것이 '권리'라고 하는 말

---

1) 손해배상(기)(전교조 수업거부 사건) [대법원 2007. 9. 20., 선고, 2005다25298, 판결].
   http://www.law.go.kr/LSW//precInfoP.do?precSeq=85306

은, 돈이 없는 사람에게 '뭐든 살 권리가 있다'고 말하는 것과 마찬가지다.

오히려 '학교수업을 받을 권리'는 '교육권(right to educate)'에 가깝다. 1960년에 유네스코는 교육에서의 차별 금지를 위해 '교육권'을 선포하였다. 학교와 같은 형식적 교육기관에 들어가서 학습할 수 있는 권리가 '모든 사람들'에게 보장되어야 한다는 것이다. 그럴 때에만, 사회 구성원은 공평하게 자신을 돌보고 미래를 설계할 자원을 얻게 되기 때문이다.

즉, 교육권은 '교육기관에 진입할 수 있는 기회'를 부여한다는 점에서, 교육적 차원의 참정권이라 할 수 있다. 노동자나 빈민, 여성이 선거에 참여할 수 있는 것과 마찬가지로, 경제적 계급이나 지역적 격차와 관계없이 모든 사람이 교육을 받아 문해 상태에 도달해야 한다는 것이다. 그것이 사회의 진보다.

학원비리 척결을 이유로 수업을 거부하고 시위를 벌였던 전교조 교사들에게 손해배상 책임을 묻기 위해 대법원은 '학습권' 논리를 동원했지만 논리가 정합적이었다고 보기는 어렵다. 학교에 다니고 있는 아이들에 대해서는 교육권을 거론할 수도 없고, 학습권을 논하는 것도 적합하지 않다.

'학습권'이 제대로 작동하기 위한 조건

그렇다면 교육권과 차별적인 '학습권'은 어떤 내용이어야 하는가? 그것은 적어도 '배움에서의 자기 결정권'을 포함하는 권리여야 한다. 배움의 주체인 학습자가 배움의 여부를 결정할 수 있도록 배움의 종류를 선택하고, 사회가 보장해 주는 그런 장치일 것이다. 교육권이 '사회적 차별'에 초점을 맞추고 있다면, 학습권은 '개인적 성장'에 주의를 기울인다. 개개인이 원하는 방식대로 살아갈 수 있도록 사회가 도와야 한다는 것이다. 유네스코가 제시한 학습권의 내용을 보자. 학습권에는 다음과 같은 권리가 포함된다.

읽고 쓸 권리

질문하고 분석할 권리

상상하고 창조할 권리

자기 자신의 세계를 살피고 역사를 이어 갈 권리

교육의 수단을 얻을 권리

개인과 집단의 역량을 발달시킬 권리

마음껏 읽고, 질문하고, 상상하고, 역량을 키워 낼 권리. 한마디로 '고품격의 삶'을 살 권리가 학습권인 셈이다. 이런 점에서, 학습권은 참정권과 같은 '보장받는' 시민권이 아니라, 행복추구권과 같은 사회권에 가깝다. 여기서의 사회권이란, 시민이 국가에 대해 요구하는 권리인 시민권과 달리, '인간다운 생활'을 위하여 국민이 국가에 대하여 적극적인 배려를 요구할 수 있는 권리를 말한다. 이 권리는 인권과 마찬가지로, 국가 설립 이전의 권리에 가깝다. 행복추구권의 정의에 대한 사전적 설명을 보자.

> (행복추구권은) 천부인권(天賦人權), 즉 전(前) 국가적 자연권을 선언한 국가의 기본 질서이며 법해석의 최고 기준인 근본 규범이다. 그러므로 이 규정은 헌법 개정의 방법으로써 전면 개폐할 수 없으며, 단순한 프로그램적 규정이 아니라 국가가 이를 보장할 의무를 지고 있다. 따라서 모든 국가 기관은 물론, 어떠한 개인도 타인의 행복추구권을 침해하지 못한다.

즉, '모든 국민은 인간으로서의 존엄과 가치를 가지며, 행복을 추구할 권리가 있다고 선언한 행복추구권처럼, 학습권은 개개인이 자신이 원하는 학습을 추구할, 혹은 원하지 않는 학습을 거부할 권리를 보장받는 것을 말한다. 학습권은 타율적인 학습을 벗어나 자율적인 학습을 할 수 있는 권리다. 문제는 대부분의 성인들이 학습에 대해 '학교에서 이루어지는 수동적 지식 습득' 정도로 생각한다는 점이다.

학습은 상상하고, 탐구하고, 세상을 열어 가는 힘을 기르는 일이 아니라, 시험을 잘 보기 위한 수단으로, 심지어 불행의 원천으로 여겨지기도 한다. 그래서 위의 대법원 판결문에서조차 '학생의 학습권'은 학생 개개인이 가지는 '학습에 대한 결정권'이 아니라, '부모의 교육권', 즉 부모가 아이들을 교육시킬 권리와 동일한 의미로 사용되고 있는 것이다. 개념의 왜곡이다.

학습권 해석의 열쇠는 학습의 본질에 있다

학습권 개념이 제대로 성립하려면, '학습'의 가치에 대한 사회적 인정이 필요하다. 적어도 학습이 학교에서 수동적으로 지식을 습득하는 것이 되어서는 안 된다. 학습이 권리가 되려면 그것은 좋은 것, 가지고 싶은 것, 해 보고 싶은 것이어야 하고, 이를 위한 첫 단계는 학습자의 선택권이다. 학습은 의무로 부여되어서는 안 되는 것이고, 자율적 판단과 선택을 가능하게 하는 기반이다. 배워야, '나'라는 존재를 고유하게 세워 갈 수 있는 것이다.

물론 학습은 힘들다. 하지만 이것은 자율성을 갖기 위해서는 독립의 고통이 따르는 것과 같다. 힘들고 고통스러운 과정이 수반되지만, 동시에 깨달음의 희열이 찾아오는 것. 인간 고유의 성장에 대한 기쁨. 이것이 학습의 본질이다. 학습은 인간을 인간으로 만들어 주는 일이지만, 동시에 그것은 즐겁거나 쉬운 일이 아니다.

이런 관점에서 보면, 삶의 질을 보장하는 학습권은, 교육 기회를 부여하는 교육권보다 훨씬 더 본질적이며, 포괄적이다. 학습권의 관점에서 보면, 교육이란 정해진 지식을 공평하게 전달하는 것이 아니다. 그것은 학습자들이 배움의 고통을 넘어 존재적 기쁨으로 나아가도록 돕는 일이다. 고행 의지를 북돋는 작업이 바로 교육이다. 이런 교육이 실현될 때에야 비로소 '학습권=교육권'이 성립된다. 바로 이 순간에 교육은 예술이, 학습은 행복이 된다.

배움의
네 기둥

안코라 임파로!(Ancora imparo!)

인생에 위기가 닥쳐올 때, 혹은 큰 실수를 저질렀을 때, 우리는 어떤 마음이 될까? 아마 두려움이 아닐까. 나의 인생이 송두리째 망가져 버릴 것만 같은 두려움, 모든 사람이 나를 비난할 것만 같은 공포. 하지만 관점을 조금 바꾸면 이런 공포나 두려움은 상당히 줄어든다. 바로 '배움'이다. 코로나19 바이러스가 한창일 때, 송길원 목사는 이런 글을 올렸다. 훌륭한 글이라, 좀 길지만 전문을 옮겨 보겠다.

> 나는 배웠다.

모든 시간은 정지되었다. 일상이 사라졌다. 만나야 할 사람을 만나지 못한다. 만나도 경계부터 해야 한다. 여러 사람이 마주 앉아 팥빙수를 겁 없이 떠먹던 날이 그립다. 가슴을 끌어안고 우정을 나누던 날이 또다시 올 수 있을까? 한숨이 깊어진다. 비로소 나는 일상이 기적이라는 것을 배웠다. 기적은 기적처럼 오지 않는다. 그래서 기도한다. 속히 일상의 기적과 함께 기적의 주인공으로 사는 일상을 달라고.

나는 배웠다.

마스크를 써 본 뒤에야 지난날의 내 언어가 소란스러웠음을 알고 침묵을 배웠다. 너무나 쉽게 말했다. 너무 쉽게 비판하고 너무도 쉽게 조언했다. 생각은 짧았고 행동은 경박했다. 나는 배웠다. '살아 있는 침묵'을 스스로 가지지 못한 사람은 몰락을 통해서만 '죽음으로 침묵'하게 된다는 사실을.

나는 배웠다.

세상을 움직이는 것은 정치인이 아니었다. 성직자도 아니었다. 소식을 듣자 대구로 달려간 신혼 1년 차 간호(천)사가 가슴을 울렸다. 잠들 곳이 없어 장례식장에서 잠든다는 겁 없는 간호(천)사들의 이야기에 한없이 부끄러웠다. 따뜻한 더치커피를 캔에

배움의 독립선언, 평생학습

담아 전달하는 손길들을 보며 살맛 나는 세상을 느꼈다. 이마에 깊이 팬 고글 자국 위에 밴드를 붙이며 싱긋 웃는 웃음이 희망 백신이었다. 나는 배웠다. 작은 돌쩌귀가 문을 움직이듯이 세상을 움직이는 것은 저들의 살아 있는 행동인 것을.

나는 배웠다.
죽음이 영원히 3인칭일 수만은 없다는 것을. 언젠가 내게도 닥칠 수 있는, 그래서 언제나 준비되어 있어야만 하는 것이 죽음인 것을 배웠다. 인간이 쌓은 천만의 도성도 바벨탑이 무너지듯 한순간에 무너질 수 있다. 만물의 영장이라는 인간이 미생물의 침투에 너무도 쉽게 쓰러질 수 있는 존재인 것을 배웠다. 그런데도 천년만년 살 것처럼 악다구니를 퍼붓고 살았으니… 얼마나 웃기는 일인가를 배웠다.

나는 배웠다.
인생의 허들경기에서 장애물은 '넘어지라'고 있는 것이 아니라 '넘어서라'고 있는 것임을. 자신에게 닥친 시련을 재정의하고 살아남아 영웅이 될지, 바이러스의 희생양이 될지는 나의 선택에 달려 있다. 닥친 불행과 시련을 운명이 아닌 삶의 한 조각으로 편입시키는 것이 무엇인지를 배웠다. 그때 희망의 불씨가 살아나고 있었다.

나는 배웠다.

카뮈의 『페스트』에 등장하는 북아프리카의 항구 오랑은 아비규
환의 현장이었다. 서로를 향한 불신과 배척, 죽음의 공포와 두
려움… 지옥이었다. 신종 코로나바이러스감염증의 최대 피해
지역인 대구는 "공황도 폭동도 혐오도 없었다. 침착함과 고요
함이 버티고 있었다"(미국 ABC 방송 이언 기자). 일본의 대지진 때 일
어났던 사재기도 없었다. 오히려 '착한 건물주 운동'으로 서로를
감싸 안았다. 외출 자제로 인간 방파제가 되어 대한민국을 지켰
다. '배려와 존중'으로 빛났다. 나는 위기에서 '사람의 인격'이 드
러나고 극한 상황에서 '도시의 품격'이 확인된다(이동훈)는 것을
배웠다.

나는 배웠다.

어떤 기생충보다 무섭고 무서운 기생충은 '대충'이라는 것을. 모
든 것이 대충이었다. 손 씻기도 대충, 사회적 거리 유지도 대충,
생각도 대충…. 이번 사태에도 너무 안이했다. 이제는 나 스스
로 면역 주치의가 되어야 한다는 것을 배웠다. 환경 문제나 생
태계의 파괴가 남의 일이 아니라 내 일이라는 것을 배웠다. 또다

시 찾아올 바이러스에 대처하기 위해 두 눈 부릅뜨고 환경 지킴이가 되어야 한다. 나는 확실히 배웠다. 공생과 공존이 상생(相生)의 길이라는 것을.

나는 배웠다.
가장 큰 바이러스는 사스도 코로나도 아닌 내 마음을 늙고 병들게 하는 절망의 바이러스라는 것을. 나는 배워야 한다. 아파도 웃어야만 이길 수 있다는 것을. 아니 그게 진정한 인간 승리임을. 나는 기도한다. "마지막에 웃는 자가 되게 해 달라"고.

"안코라 임파로!(Ancora imparo!)"
'나는 아직도 배우고 있다'는 이탈리아어다. 미켈란젤로가 시스티나 성당의 천장 그림을 완성하고 나서 스케치북 한쪽에 적은 글이란다. 87세 때 일이다. 내 나이 겨우 60을 넘겼다. 그래, 우리는 모두 살아야 한다. 잘 살기 위해 배워야 한다.

"안코라 임파로!(Ancora imparo!)"
그렇다면 우리 모두는 살아 있다.

배움을 중심에 놓고 접근하면, 위기나 실수, 재난이나 곤경은 불행의 원천에서 배움의 자원으로 전환된다. 인간의 두뇌만 보아도, 어려움이 없으면 가장 경제적으로, 즉 가장 머리를 덜 쓰는 방식으로 작동한다. 자극이 없으면, 두뇌는 발달하지 않는 거다. 역설적이지만, 고난 속에서 인간은 가장 잘 배우며, 배움을 통해서만 인간은 성숙한 존재가 된다. 평생 배우며 산다는 건, 세상을 우리 내부로 들여놓고, 자신을 세상에 내어놓는 일을 해 나가는 걸 말한다. 배움은 모르는 상태에서 아는 상태로의 이동이고, 그래서 생명성을 확장하는 일이기 때문이다.

삶과 존재를 지탱하는 배움의 네 기둥

그래서 학교에 갇힌 교육이 아니라 삶으로 열린 배움 개념이 필요하다. 평생학습, 즉 일생에 걸친 배움을 잘 꾸리려면 배움에 대해서도 잘 분별해서 배워야 한다. 인류학자 마가렛 미드는 문화를 전수하는 핵심 기제가 학습이라고 보았다. 문화적으로 적절하게 배우지 않으면 인간이 아니라는 말이다. 실제로, 늑대가 기른 소녀는 날고기를 먹고 네발로 다니는 늑대로 자라났고, 학대와 방임 속에서 자란 어린아이들은 윤리나 규범이 없는 반사회적 인격체로 자라났다.

그러면 열린 배움은 어떻게 가능한가? 들로르(Delors)라는 학자는 보고서 〈평생학습이라는 보물〉에서 평생학습의 네 기둥을 제시했다. 이미 너무나 강력하게 작동하고 있지만, 숨어 있는 보물인 배움을 '평생학습'이라는 개념으로 설명한 것이다. 인생이라는 집을 근사하게 지으려면, 평생학습의 기둥을 튼튼히 세워야 하지 않겠는가.

그가 제시한 네 개의 기둥은 알기 위한 학습, 일하기 위한 학습, 더불어 살기 위한 학습, 존재하기 위한 학습이다. 매우 추상적으로 보이지만 조금만 주의를 기울이면 우리 삶의 결이 달라질 수 있는 개념이다.

첫 번째 기둥, '알기 위한 학습'

첫 번째 기둥을 보자. '알기 위한 학습'이다. 당연한 개념 같다. 학습이 알기 위한 것이지 모르기 위한 것도 있는가. 그런데 알기 위한 학습은 그런 개념이 아니다. 모르는 걸 알아 가는 학습은 대개, '지식 학습'이라 불린다. 모르는 걸 알게 되니 학습의 외양은 빛난다. 많이 암기하는 것, 많은 정보를 가지고 있는 것이 'know what'의 학습이다.

하지만 '알기 위한 학습'은 이런 암기와 같은 학습이 아니라, '아는 방법'을 알아 가는 학습이다. 똑같은 정보가 주어질 때, 누가 더 잘 알게 될까? 관련된 정보를 많이 가진 사람이거나, 기억법을 익힌 사람일 거다. 또는 기록을 잘하는 사람일 수도 있다. 이것이 '알 줄 아는 사람'이다. 문자를 아는 사람은 문자를 모르는 사람에 비해 정보를 훨씬 더 오래 간직하고, 너 잘 알 수 있다. 셈을 할 줄 아는 사람은 그러지 못하는 사람에 비해 사태를 더 정교하게 파악할 수 있을 것이다.

이런 점에서 '알기 위한 학습'은 학습 도구들에 익숙해지는 학습을 말한다. 지식을 익히는 것이 아니라, '아는 데 도움이 되는 도구'를 다루는 능력을 갖추는 것이다. 아는 일에 능숙하려면, 숫자나 문자, 생활기술이 있어야 한다. 도구를 가져야 문제나 상황에 대처해서 더 잘 알 수 있게 된다. 같은 상황에서도 더 잘 아는 사람이 되려면 일종의 지적 능력을 강화하는 도구를 써야 한다는 말이다.

알기 위한 학습을 하다 보면, 학습은 목적인 동시에 수단이 된다. 이게 무슨 말인가. 문자를 배우는 걸 생각해 보자. 이때 문자를 익히는 것은 학습의 최종적 목적이다. 하지만 그렇게 해서 책을 읽게 되면 아이들은 자연이나 인류, 역사나 환경, 그리고 사회를 이해하게 된다. 문자는 이해를 위한 수단, 그 도구인 것이다.

문자 학습의 과정에는 또한 처음 읽은 책의 세계관이 스며든다. 책을 읽는 과정에서 자연스럽게 저자의 생각이 공유되는 것이다. 이렇게, '읽는다'는 것은 앎-발견-이해를 하나의 과정으로 묶어 내는 일이다. 그만큼 알기 위한 학습은 우리의 삶의 모양을 주조하는 중요한 학습 기둥이다.

두 번째 기둥, '하기 위한 학습'

'일하기 위한 학습(learning to do)'은 사회적 활동을 위해 필요한 학습으로, 주로 직업교육을 연상시킨다. '일을 한다'고 하면, 대부분 직업을 떠올리기 때문이다. 취업이나 이직, 승진을 위해서는 직무능력과 같은 좁은 의미의 기술이 필요하다. 그래서 '일하기 위한 학습'은 컴퓨터 기술이나 회계사 자격, 제과제빵 능력과 같은 직업훈련과 쉽게 연결된다.

그런데 지식기반경제에서, 인간의 일은 물질주의적인 차원에 머무를 수가 없다. 변화된 사회에서는 새로운 종류의 더욱 지적인 기술을 필요로 하기 때문이다. 현대사회는 무엇보다도 자기관리를 요구한다. 현대사회의 일에서는 인간의 자질이나 인간관계가 가장 중요하기 때문이다. 따라서 '일하기 위한 학습'은 '기술(skill)'에서 '역량(competence)'으로의 이동을 의미하게 된다. 지식과 태도가 결합되어 있는 기술로의 이동, 즉 고급 수준의 기술을 요청하는 것이다.

고급 수준의 기술인 현대인의 역량의 핵심은 '타인과 효과적으로 소통하는 능력'이다. 좀 더 정교하게 말하자면, 이는 글로벌한 사회에서 '이질적인 타인'과 '자율적인 자아'가 깊이 있게 의견과 감성, 목표와 전략을 나눌 줄 아는 능력이다. 이질성이 극도로 중대한 현대사회에서는 하나의 전통적 의견을 받아 적는 것이 아니라, 이질적인 의견을 기존의 전통과 동등할 정도로 중요하게 다루는 것이 어렵고도 중요한 능력이다. 게다가 그런 소통은 자신의 자율성을 중심축으로 이루어져야 한다. 자아를 침해받지 않으면서 이성을 넘어 감성적 교감도 이루어 내는 것. 이것이 인격적 문제가 아니라 '일'의 과제로 다루어지는 것이다.

이를 위해서는 자신의 생활과 시간을 관리할 줄 아는 것, 동료와 함께 일할 줄 아는 것, 지도자로서 팀을 이끌어 갈 줄 아는 것 등이 필요하다. '나'의 생활의 조직력과 '타인'을 수용하는 태도, 그리고 목적을 향해 팀 단위 소통을 해 나가는 능력이 '함(doing)', 즉 일함에 필요한 능력이다. 자주 거론되는 '혁신'이나 '직업 창조'는 이런 역량의 일환이며, 위기 감수와 갈등 조정에 대한 준비성도 중요한 능력이다.

배움의 독립선언, 평생학습

세 번째 기둥, '함께 살기 위한 학습'

'함께 살기 위한 학습(learning to live together)'은 말 그대로 혼자가 아니라 함께 사는 삶을 지향한다. 아마 이 말에 반감을 가지는 사람은 없을 것이다. 문제는 당연한 명제가 잘 구현이 되지 않는다는 점에 있다. 혼밥, 혼술이 대세가 되고 1인 가구 수가 급증하고 있다. '함께 사는 삶'은 자동적으로 되는 것이 아니라, 배워야 가능한 삶의 양상이 되었다는 말이다.

극단적으로 발달한 소비주의, 시공간 압축으로 얇어진 국가 경계, 급속한 자본과 물류 이동 등은 사람들을 개별적으로 호명한다. 모든 사회 구성원들이 '소비자 개인'으로서 상품을 구매하고 처분하는 동등한 '권리'를 가진다. 자아정체성은 개인이 스스로 만들어 가는 것이 아니라, 기업들이 만든 '소비하는 존재로서의 정체성'으로 대체되어 간다. 혼밥과 혼술은 '혼자'라는 개인의 정체성을 만들어 주는 것 같지만, 사실은 똑같은 상품 선호도를 갖는 '동일한 혼자들'을 만들 뿐이다.

함께 살기 위한 학습은, 이런 사회에서 '타인과 함께' 산다는 것이 무엇인지를 배우는 것을 말한다. 자기중심에서 타자중심으로 중심 이동이 이루어지지 않으면, 이런 학습은 불가능하다. 타인이 어떻게 살고 있는지 관심을 기울이고, 지켜볼 줄 아는 여유가 있어야 타자는 자아의 시야에 들어오게 된다. 다시 말해 함께 살기 위한 학습은, 타자의 관점에서 사태를 보는 힘을 기르고, 이를 통해 타인의 반응을 이해할 수 있는 능력을 갖추는 것이다. 보살핌과 나눔 안에서 공감과 협동적 행위를 하는 것은 그 중요한 영역 가운데 하나다. 이런 자질을 배워 갈 때, 미래 사회를 이끌어 갈 힘이 생성된다는 것이다. 타인을 존중하고, 그들의 문화나 가치 체계를 인정하는 것, 공동의 목표를 향해 함께 일할 수 있는 능력도 여기에 속한다.

네 번째 기둥, '존재를 위한 학습'

'존재를 위한 학습(learning to be)'은 '존재'에 중점을 두고 보게 한다. 존재는 에리히 프롬의 책 제목처럼 '소유'와 대척점에 있는 개념으로 설정되기도 했고, '활동(doing)'과 대비되어 인간의 존재 의미를 부각하기 위해 사용되기도 했다. 어떤 경우이건, '존재'는 탈인간화가 진행되는 사회에서, 이런 문제를 해소하기 위해서는 구성원들이 '자기충족성(self-fulfillment)'에 도달해야 한다는 차원에서 강조되어 왔다.

'자기충족성'이라는 말은 교육에서 빼놓지 않고 등장하는 지향성 가운데 하나다. 자기충족감이란 자기 스스로의 노력으로 스스로를 행복하고 온전하게 만드는 능력을 말한다. 자신이 목표를 세운 내용을 이루어 가는 일종의 '성공 체험'을 하게 되면 자기충족성이 높아진다. 개념적으로 보면, 표현과 참여의 복합성이라 할 수 있는 인격의 풍부함 안에서 이런 자기충족성이 보장될 수 있다. '나는 참 괜찮은 사람이다'라는 충족감은 공동체 속에서 서로 인정하고 인정받는 체험 속에서만 형성될 수 있다. 외적 결과가 어떠하든 간에, 자신을 수용할 수 있어야 충족감이 형성된다는 것이다.

이런 점에서, 성취를 과도하게 강조한다거나 소비를 부추기는 사회에서는, 자기충족성이 매우 위축된다고 볼 수 있다. 사회적으로 성공한 극소수만이 인정을 받을 수 있기 때문이다. '존재'가 '배움'과 연결되는 이유는, 이런 계층화의 필터를 배움이 걸어 낼 수 있기 때문이다. 사회 구성원들은 누구라도 자기 존재를 충만하게 느낄 수 있는 능력을 가져야 한다. 예컨대 자신에 대한 비판이 있다면 그것을 자신의 더 나은 성과를 위한 비평으로 해석할 수 있는 내면적 힘을 갖추고 있어야 하는 것이다. 이를 위해서는 자아와 성장에 대해 알아야 하고, 공정한 사회에 대한 관점과 책임감 있는 인간으로서의 행동을 갖춰야 한다. 이것이 배움의 내용이다.

인간은 상상력과 창조성을 가진 존재다. 인간의 발달과 책임이라는 주제로 들어오면 거의 모든 영역이 배움의 대상이 된다. 기억, 추론, 미적 감각, 신체적 능력, 소통력, 사교기술, 비판적 사고력, 독자적 판단력, 개인의 책임성과 참여능력 등이 모두 포괄되기 때문이다.

우리 사회의 지배적인 교육 패러다임은 앎과 행동을 분리시키며, 다른 사람들과 더불어 살고 있지 않으며, 존재보다는 소유에 집착하며, 아는 것이 무엇인지에 대해서도 충분히 숙고하지 않는다. 현대사회에서의 학습은 학습의 본래적 가치를 잃고 있으며, 그래서 삶-앎-존재-공유의 가치를 회복하는 과정으로서의 평생학습이 더욱 강조되는지도 모른다. 평생학습의 네 가지 기둥은, 우리의 학습을 수단으로 환원시키는 도구주의적인 시각을 벗어나, 삶을 떠받치는 기반으로 이해하게 해 준다. 그것은 소외되고 분절된, 소유에 집착하고 경쟁적인 삶을 바꾸기 위한 코드의 재설정 작업이다.

1996년 발간된 들로르 보고서
<평생학습이라는 보물(Learning: the Treasure Within)>

1996년 들로르 위원회에서 펴낸 보고서로 '전 생애에 걸친 학습'과 학습의 네 기둥이라는 핵심 개념에 기초하여 교육에 대한 통합적 비전을 제안하였다. 이는 교육개혁의 청사진을 제공한 것이라기보다는 정책들을 틀 짓는 기반이 무엇이 되어야 하는가 하는 철학적인 성찰을 담고 있다는 점에서 교육학계의 주목을 받았다. '교육에 대한 선택은 그 교육이 이루어지는 사회에 대한 선택에 의해 결정된다'는 인식을 담고 있는 것이다. 이는 교육이 어떤 기능을 할 것인가를 넘어서서, 온전한 인간이라면 어떠해야 하는가를 고민한 것이라 볼 수 있다.

들로르 보고서는 평생교육 보고서답게, 기술과 경제, 사회 변화에 의해 생겨난 수많은 긴장과 갈등들을 정리하고 있다. 교육을 사회 상황과 깊이 연결 지어 사고하고 있는 것이다. 그 결과 도출된 긴장은 다음 일곱 가지이다. 지구적 차원과 지역적 차원, 보편성과 특수성, 전통과 현대성, 영과 육, 장기와 단기, 평등과 기회, 지식의 폭증과 이를 담기에 부족한 역량 사이의 긴장.

이런 일곱 가지의 긴장은 사회 변혁의 역동을 보여 주는 것이기도 하다. 지구적 차원에서의 경제성장은 위해성과 불평등의 긴장, 생태적 긴장, 가차 없음과 폭력이라는 특징을 가지고 있다. 인권이 높아지지만, 이를 실행하기에는 한계가 있는 것이다.

이러한 미래 사회의 일곱 가지 사회 긴장은 개인과 사회가 극복해야 할 과제이자 직면한 도전이며, 이는 곧 다가올 사회가 사회 구성원 개개인에게 새로운 태도를 요구함을 의미한다. 즉, 미래 사회는 세계화와 신자유주의화의 물결 속에서 자신의 정체성을 잃지 않으면서 세계시민으로서 성장을 요구하는 사회이다. 동시에 미래 사회는 보편화된 문화 속에서 독특성을 지닌 개별 문화 역시 유지하고, 전통에 대한 성찰과 새로운 사회에 대한 적극적 적응 자세, 타인에게 동기부여와 힘을 제공하는 경쟁, 더 나아가 서로 협동하는 자세, 정보지식사회에서 개인의 사회 적응과 자신의 삶을 향상시킬 방법의 학습 태도 또한 요청하고 있다.

들로르는 급변하는 사회 변화의 흐름을 정확히 인지하고 직업세계와 사회 구성원으로서 역할을 수행할 수 있는 능력을 기르는 데 핵심적인 기능을 하는 것이 평생학습이며, 이를 추구하기 위한 네 가지 구체적인 학습 전략을 제안한다.

"교육은 혼란이 끊이지 않는 복잡한 세계의 지도를 제공하고, 동시에 사람들이 그 안에서 자신의 길을 찾을 수 있는 나침반을 제공해야 한다. … 이러한 과제를 달성하기 위해서는 미래의 교육은 네 가지 기본적인 학습 유형을 중심으로 구성되어야 한다. 이것은 한 개인의 삶 전체를 통해 지식의 중심축을 이루는 것으로 첫째는 알기 위한 학습으로 이를 통해 세계에 대한 이해의 도구를 습득한다. 둘째는 행동하기 위한 학습으로 이를 통해 개인이 환경에 대해 창조적으로 대응할 수 있게 해 준다. 셋째, 함께 살기 위한 학습으로 이를 통해 모든 활동에 다른 사람들과 함께 참여하고 협동할 수 있게 해 준다. 존재하기 위한 학습은 앞의 세 가지 학습을 기반으로 나아가는 본질적으로 진전된 형태다. 물론, 이 네 가지 지식의 경로는 모두 서로 접촉하고 교차하고 교류하는 많은 지점이 있기 때문에 하나의 전체를 이룬다."

[1부] 교육과 세계 개괄

- 지역사회와 세계사회, 세계와 타인에 대한 이해, 상호 의존 현상 기술
- 교육과 사회적 배제, 정보사회와 학습사회에 대한 논의
- 불공평한 경제성장과 정보 배분, 경제적 목적으로 기능하는 교육에 대한 비판

[2부] 학습의 원리

- 교육의 네 기둥으로서 알기 위한, 행동하기 위한, 함께 살기 위한, 존재하기 위한 학습을 제안함
- 교육에 대한 다양한 관점의 고찰을 통해 평생학습을 논의함

[3부] 미래교육의 방향 제시

- 기초교육과 중등교육을 재규정, 고등교육과 평생교육의 맥락화
- 교사에게 요구되는 새로운 관점과 역량 제시
- 교육과 정치적 요인의 기술
- 지구촌 교육을 위한 국제적 협력 제안

학 교 관 성

벗 어 나 기

권력의 물길
만들기

권력이 작동하지 않는 교육은 없다

'교육과 권력.' 별로 어울리는 조합이 아니다. 권력에서 멀수록 좋은 교육 같기도 하고, 어떤 교육도 직접적으로 권력을 지향하는 것 같지는 않다. 아마도 교육은 '순수하게' 인간을 키우는 일이 되어야 하므로, 지배와 복종이나 정치를 연상시키는 권력과는 관계 없는 것이 좋아 보이는 것 같다. 권력이 작동하지 않는 상태에서의 협력적이고 지원적인 관계 맺음. 이것이 교육의 원래적 양태일 것이다.

　그런데 결론부터 말하자면, 권력이 작동하지 않는 교육은 없다. 원론적으로도 그렇다. 교육의 장면을 한번 떠올려 보자. 누군가가 배우고 누군가가 가르치고 있을 것이다. 좀 더 가까이 가서 보자. 가르치는 사람의 생각이 말을 통해 배우는 사람에게 전달되고 있을 것이다. 배우는 사람은 그 내용을 곰곰이 생각하며 자신의 것으로 만들어 가고 있을 것이다. 매우 교육적인 이 순간은, 배우는 자의 내면이 변하는 순간으로 매우 권력적인 순간이다.

권력은 '타인의 의지에 반하여 자신의 의지를 관철시키는 것'인데, 교육이 잘된다면, 배우는 자는 가르치는 사람의 의지를 따르게 될 것이기 때문이다. 배운다는 건 '외부의 세계를 내 안에 들인다'는 말이다. 외부의 것은 대개 교육자가 제시하며, 그것이 온전히 학습자의 것이 되는 순간, 학습자는 다른 존재가 된다. 들뢰즈 같은 학자는, 존재는 being이 아니라 becoming이라고 보았다. '있는'이 아니라 '되어 가는' 과정이 존재라는 거다. 이 과정에 타인이 개입되는 것, 이것이 교육이다.

그래서 교육에는 항상 권력이 작동하게 되어 있다. 왜 배우는가? 나의 가능성을 실현하기 위해서다. 배우지 않으면 내면의 잠재력을 실현할 도구를 얻을 수 없다. 왜 가르치는가? 타인이 성장하는 것을 보고 싶어서다. 가르치는 일은 가장 윤리적이고 부드러운 힘의 확장이다. 부모는 자녀를 가르치게 되어 있고, 아이들은 어른에게 배우게 되어 있다. 새로 이주한 사람은 배우는 자세를 갖게 되어 있고, 아는 것이 많은 사람이 가르치게 되어 있다. 가르치고 배우는 역동의 현장에서, 권력은 핵심적인 현상이다. 힘을 얻고자 배우고, 힘을 키우고자 가르친다.

empowering, 교육의 다른 이름

문제는 어떤 방식으로 권력이 작동하는가이다. 이상적인 권력의 작동 방식은 '학습자의 힘을 키우는' 데 권력이 사용되는 교육이다. 임파워링(empowering), 즉 학습자에게 힘을 실어 준다거나 힘을 부여하기 위한 교육이다. 그래서 이 말은 '세력화', '활력화', '힘 실어 주기' 정도로 번역된다. 학습자는 모르거나 무력한 존재다. 권력이 없는 존재라는 거다. 이런 교육론은 무력한 학습자에게 교육자가 다가가 알려 주고 힘을 갖추도록 해 주는 것을 교육이라고 본다.

세계적으로 교수 방법에 혁신을 가져온 브라질의 혁명가이자 교육자인 프레이리는, 그래서 교육을 '의식화'로 본다. 그에게 교육은 '힘 실어 주는 일'이다. 침묵의 상태에 있는 빈민들에게 그들이 필요한 방식으로 글자를 가르쳐 주는 일을 통해, 학습자들은 정치적으로 의식화되었고, 혁명세력이 되어 버린 학습자들로 인해 프레이리는 망명까지 하게 된다. 학습자의 집단적 변화와 정치화는 프레이리의 문해교육 덕분이었던 것이다. 그는 유명한 도식 '은행저금식 교육' 대 '문제제기식 교육'을 통해 교육을 두 개의 패러다임으로 나눈다. 은행 저금을 하듯 정해진 내용을 차곡차곡 외워 쌓는 교육은 빈민들을 더욱 무력하게 할 뿐이다. 빈민들의 내면에서 올라오는 목소리를 듣고 그것을 말하게 하는 것, 그들이 삶의 주체가 되도록 하는 문제제기의 교육이 참된 교육이다. Reading the words, 즉 글자를 읽는 것은 Reading the world, 즉 세계를 읽는 것이다. 배움은 일종의 세상을 보는 안경이다. 교육은 눈에 맞는 안경을 주는 일이다.

힘의 균형점에서 교육을 말하다

일상의 어떤 장면에서도 권력은 어디론가 흐른다. 가정에서도 친구끼리도 직장에서도 권력은 생성되고 부딪히고 흘러간다. 말하는 내용에도, 말하는 방식에도, 태도에도, 습관에도 권력이 스며 있다. 그래서 권력은 일상 속에서 작동하고, 삶을 추진하는 동력이 된다. 따지고 보면, 인간의 뇌 자체가 그렇게 되어 있다. 왜 축구 경기를 끝난 다음에 보면 재미가 없을까? 놀랍게도, 마음을 모아 응원하면 이길지도 모른다는 믿음, 상황을 '내가 통제할 수 있다'는 뇌의 지향성이 있기 때문이다. 왜 아이가 말을 안 들으면 과도하게 화가 날까? '아이는 내 말을 들어야 한다'는 통제 욕구가 있기 때문이다.

교육은 본능적인 권력 의지나 통제 욕구를 조절하는 과정이다. 서로 간의 존중만이 배움과 가르침을 가능하게 하기 때문이다. 생각해 보자. 가르치는 자의 권력이 과도하면 배우는 사람은 배움의 과정에서 소외된다. 가령 교사의 권력이 과도하다면, 아이들은 교사가 시키는 대로 행동할 뿐, 곰곰이 생각하고, 찬찬히 살피고, 궁금함을 만들 시간을 갖기는 어려울 것이다. 부모가 폭압적이라면, 아이들은 무조건적으로 순종한다. 아이들은 자신의 판단이나 의욕을 반납하고 지시를 따른다. 내면의 여유 공간이 생겨날 여지가 없다. 그래서 이렇게 자란 아이들의 자아는 취약하다. 수행성, 역량, 스펙, 능력은 출중하나 자아의 중심이 빠져 있다. 타인의 인정을 갈구하며, 관계나 배려의 감수성이 취약하다. 아이들은 수동적이 되고, 내면의 식민화가 일어난다. 이건 배움이 아니다.

『무지한 스승』의 저자 랑시에르는 교사들이 늘 하고 있는 '설명'이라는 행위가 학습자를 종속적 존재로 만들고, 이를 통해 지배 체제를 유지하는 힘을 갖게 한다고 역설한다.

학생은 결코 스승을 따라잡지 못할 것이며, 인민은 결코 깬 엘리트를 따라잡지 못할 것이다. 그러나 거기에 도달할 수 있다는 희망이 그들로 하여금 좋은 길로, 즉 개선된 설명의 길로 나아가게 해 준다. 이 새로운 바보 만들기의 무시무시한 힘은, 그것이 여전히 옛 방식으로 진보적 인간들의 행보를 흉내 낸다는 데 있다.

그렇다면 배우는 자의 권력이 과도하면 어떨까? 잘 배울 수 있는 이상적인 상태가 될 것 같지만 그렇지 않다. 배움은 외부의 에너지가 내면으로 들어오는 과정이다. 물이 위에서 아래로 흐르듯, 자신을 낮추어야 모르는 내용들이 자신의 내면으로 흘러 들어올 수 있다. 그래서 좋은 교육에는 적절한 위계가 작동하게 되어 있다. 배우는 자의 권력이 과도하다는 건, 자신을 낮추지 않고 벽을 세우게 된다는 걸 말한다. 자신을 비우지 않으면, 배우는 자는 자기 입맛에 맞고 편한 것, 즐겁고 손쉬운 것을 하게 되어 있다. 자기가 옳다고 믿게 되어 있다. 그것이 벽이 된다. 소크라테스가 평생에 걸쳐 헌신한 내용은 '너 자신을 알라'가 아니던가. 사람들이 스스로를 알고, 자신을 배려할 줄 알게 되는 것은 그만큼 어려운 일이다.

다시 말해, 교육이 제대로 성립되려면, 가르치는 자도 배우는 자도, 과도한 권력을 가져서는 안 된다. 가르치는 자와 배우는 자

배움의 독립선언, 평생학습

의 힘의 균형은 교육의 과정 속에서 끊임없이 깨지고 복원되어야 한다. 교육은 그런 역동이 이루어지는 과정이다. 서로의 권력을 인정하되, 그 권력을 견제하는 노력이 작동해야 한다. 최종적으로는 학습자에게 힘을 실어 주기 위해서 말이다.

권력의 물길을 내려면…

성인 학습자들의 탄생은 교실의 역관계를 바꿔 놓았다. 학교교육에서 학습자는 학생으로서, '배우는 것을 업으로 하는 어린 사람들'이다. 그래서 학생은 교사보다 힘이 없고, 부족한 존재였다. 하지만 '직업이 따로 있는 나이 든 사람들'이 교육 장면으로 들어서자, 가르치는 자의 입지점이 줄어들었다. 학습자라고 해도, 성인은 순전히 그 나이로 인해 권력을 가지게 되어 있다. 반면에 학습자이기 때문에 자신을 낮추어야 마땅하다. 이런 모순적인 결합이, 성인교육의 새로운 이론을 가능하게 했다. 교육기관이 학습자 눈치를 보아야 했고, 그래서 학습자를 탐색해야 했기 때문이다. 학습이 어떻게 이루어지는지를 연구했고, 그래서 자기주도 학습에서 상황 학습에 이르는 여러 학습론이 출현할 수 있었다. 학습자의 권력이 새로운 교육론을 만든 것이다.

안타깝게도, 학교에서 이런 역동은 좀처럼 발견되지 않는다. 과도한 권력 혹은 권력의 부재가 일반적이고, 아이들이 자신의 내면의 힘을 발견하고 키워 가는 임파워링(empowering)의 모습은 보기 어렵다. 지루할 정도로 뻔한 이유, 대학 입시 때문이다. 입시 때문에 평가자인 교사의 권력이 과도하게 강화되지만, 동시에 입시 때문에 비싼 학원 선생에 밀린 교사의 입지는 약화된다. 입시 때문에 아이들은 교사의 말을 듣지만, 동시에 입시 때문에 엎어져 잔다. 배움과 가르침을 위한 힘의 균형이라든가 의미생성의 역동은 사라지고, '껍데기의 권력'만 남는다. 제도가 보장하는 권력에 기대면, 교사는 그저 냉정한 평가자가 되고, 학생은 냉소적인 방관자가 되는 것이다.

해방과 전쟁, IMF와 외환위기를 거쳐 현재에 이르는 짧지 않은 기간 동안, 우리 사회 저변의 에토스는 일관되게 '억울하면 출세하라'였다. 이 과정에서 인격적 성장은 화려한 직업을 위한 수단으로 변질되었고, 교육은 구직과 승진의 도구로 축소되었다. 누구나 자녀의 입시 성공을 꿈꿨다. 교육은 출세의 수단으로 여겨졌고, 상호 성장을 도모하는 교육 본연의 가치는 흔적만 남았다. 이런 상황에서 남는 것은 제도가 보장해 주는 권력이고, 가르치고 배운다는 가치가 삭제된 권력은 집단적 대립으로 이어진다.

이것이 교육을 권력에 종속시킨 우리 사회의 입시문화다. 여기

배움의 독립선언, 평생학습

서 벗어나려면, 교사에게 제대로 된 권한을 부여하고, 학생에게 적절한 권리를 인정하는 일, 그렇게 해서 교실에서 '에너지를 생성하는 권력'이 작동하도록 하는 일이 무엇보다도 필요하다. 교사를 믿고, 아이들을 격려해야 한다. 사교육에서 공교육으로 힘을 이전해야 한다.

이제부터라도 가르치는 자와 배우는 자 사이에 흐르는 힘의 역동이 어떤 권력인지를 잘 보도록 하자. 가르치는 자는 자기도 모르게 행사하는 강압이나 지배는 단호히 걷어 내야 하지만, 배우는 자의 성장을 위해 자신의 힘을 확대하는 권력 의지는 고집스럽게 추구해야 한다. 학생은 외부에서 오는 강압과 통제에 단호하게 저항해야 하지만, 자신의 배움을 위해서 권력을 이양해야 한다. 그것이 교육현장에 적합한 권력의 물길을 만드는 일이다.

교육과 상품

: 상품강박 벗어나기

교육의 쓸모?

상품: 매매를 목적으로 한 재화(財貨).

강박: 어떤 생각이나 감정에 사로잡혀 심리적으로 심하게 압박

을 느낌.

이 두 단어가 결합하면, '매매를 목적으로 한 재화에 사로잡혀 압박을 느낌'이 된다. 모든 행동을 '더 많은 돈을 받고 팔리기 위한 행위'로 해석하게 된다는 말이다. 연애도 결혼도, 취업도 승진도, 자선도 사회운동도 모두 더 많은 돈을 벌어들이기 위한 행동이 된다. 얼핏 듣기에 말도 안 되는 일 같지만, 사실 이미 작동하고 있

는 심리상태다. 소개를 할 때 이미 자신의 상품가치를 고려하고, 상대방을 평가한다. 기업은 자선을 이미지 쇄신에 활용한다. 취업이 자아실현에서 멀어진 지는 오래다. 우리 사회가 상품강박의 사회라는 규정에 대해 반박할 사람은 그리 많지 않을 것이다.

교육에 대해서도 마찬가지다. 학교에는 '홍익인간' 혹은 '교육백년지대계'가 걸려 있다. 사람을 생각하고, 긴 안목으로 인격의 성장을 도모하자는 거다. 하지만 삶 속에서 이런 이념을 생각하는 사람은 거의 없다. 더 나은 연봉을 받기 위해 더 좋은 대학을 가야 하는 것이고, 과목에 대한 관심보다는 성적 잘 나오는 과목을 선택하라는 독려가 이어진다. 매 순간 경쟁 속에서 스스로의 가치를 매기는 것, 더 나은 자리로 올라서는 것. 상품강박 사회에서는 인생이 상품이 된다.

상품은 쓸모를 지니고 있지만, 쓸모만으로 상품이 될 수는 없다. 상품은 가격에 몰두한다. 누가 어디에 쓸 건지가, 즉 사용가치가 상품이 출현한 이유지만, 그것은 중요하지 않다. 교환가치, 즉 팔리는 것이 가치 있는 것이다. 교환가치가 압도적인 사회에서, 팔리지 않는 상품은 버려져야 한다.

당연히, 인간은 절대로 이런 식으로 취급받아서는 안 된다. 인간 성장에 주목하면 쓸모와 쓸데는 한없이 늘어난다. 쓸모없는 인간은 없고, 쓸데없는 배움은 없다. 문제는 인간에게도 가격을 매기기 시작하면서 시작된다. 재주도 많고 능력도 있지만, 벌이가 없으면 '낭만적이지만 무능한 인간'이 된다. 벌이=가격=돈이 쓸모를 규정해 버리는 것이다.

교육의 상품화, '스펙'

'스펙'이라는 용어가 단적이다. 최근 우리 사회에서 어디든 등장하는 스펙은 Specification의 준말로, 원래는 제품의 기술사양이나 제원을 뜻했다. '상품'을 설명하기 위해 길이, 무게, 작동 전압 등을 표기하는 말인 거다. 이 용어법을 사람, 즉 '노동품'에 적용한 것이 '학력·학점·토익 점수 따위 등 서류상의 기록 중 업적에 해당되는 것'의 의미로 번안된 '스펙'이다.

교육을 왜 받는가? 스펙을 쌓기 위해서다. 즉, 교육의 결과가 스펙이다. 회사가 원하는 노동품, 교육의 증명서가 스펙이니, 구직자는 그 요구에 맞춰야 한다. 실제 어떤 능력을 갖췄건 스펙이 없으면 능력이 없는 거다. 이렇게 해서 스펙은 교육을 상품화하는 핵심 기제가 된다. '사람의 가치'는 '스펙'과 동일화되고, 결과를 위해 과정은 무시된다. 같은 스펙을 갖춘 이들에게만 기회는 공정하다. 청년층이 너도나도 스펙 쌓기에 몰두하는 이유는, 그것이 자신이 좋은 상품임을 입증하는 최소 조건이기 때문이다.

스펙은, '교육'이라는 '가르치고 배우는 인격적 과정'을 '인적 자원의 관리 체제'로 전환시킨다. 교육의 가장 중요한 목표는 '자기관리'와 '기업가정신'으로 전환된다. 누가 시켜서가 아니다. 아이들 스스로 고가의 상품이 되기 위해 최선을 다하는 대열에 들어선다. 자신을 '미니 기업'으로 보고 스스로를 잘 관리해 나가야 성공한다는 끊임없는 설득이 이루어졌기 때문이다. 자본가가 노동자를 통제하듯, 학생들은 자신의 욕망과 자아를 통제해 나가야 한다.

이렇게 충분한 스펙을 쌓도록 한다면, 엄청난 기량을 갖춘 학생들이 배출될 것도 같다. 말쑥하고 잘 관리된, 능력 만점의 청년들이 사회를 이끌어 나가게 될 듯하다. 하지만 No. 절대 그렇게 되지 않는다. 우리 인간이라는 존재는 기계와 달리 너무나 복잡하고 모순적이기 때문이다.

어떤 능력이 출중하면 다른 능력은 처지기 마련이다. 정서적 에너지를 많이 쓰면, 정신적 집중력은 떨어지게 되어 있다. 불안하면 성과는 떨어진다. 공포는 창조력을 마비시킨다. 혹시 성적이 좋다고 하더라도 관계가 틀어진다. 평생 긴장 상태로 직장에서 최고의 성과를 내며 살 수는 없다. 어디선가 '빵꾸'가 나게 되어 있는 것이다.

또한 레빈슨이 말한 것처럼, 시간이 좀 더 지나면 허무감의 늪에 빠지게 될지도 모른다. 『남자가 겪는 인생의 사계절』에서 레빈슨은 50대 중반, 직업적으로 최고의 자리에 오른 임직원이나 전문직 종사자들의 방황을 기술한다. 죽음이 주변에서 펼쳐지면, 그렇게 해서 '나의 죽음'이 시야로 들어오면, 그간 추구하던 세속적 성공이 얼마나 공허한지를 뼈저리게 느끼게 되는 것이다. 인간은 근본적으로 영적 존재이기 때문이다.

청소년기에 '나'에 집중하고 세상에 대해 반항 한번 해 보지 못했던 모범생들은 여지없이 심리적으로 추락한다. 자기관리가 철저해 보였던 사람들은 포물선의 꼭짓점을 넘어가면서 급격히 무너진다. 단단하게 다져 온 내면이 없기 때문이다. 인간이란 존재가 그렇다. 인간은 기업에서 기계를 관리하는 것처럼 그렇게 관리되는 것이 불가능한 존재다.

상품강박의 사회에서 벗어나기 위해

매우 공정해 보임에도 불구하고 스펙이 위험한 이유는, 인간의 복잡성과 자율성을 점수로 환원하기 때문이다. 회사나 사회가 키우고자 한 스펙도 능력이지 점수가 아니다. 하지만 공정성을 이유로 점수가 되는 순간, 그것이 야기한 일렬종대는 또다시 문제를 낳는

배움의 독립선언, 평생학습

다. 내내 점수로 평가받은 아이들은 사람이 하나의 잣대로 평가될 수 있다는 믿음을 갖게 되고, 서열의 뒤편에 선 사람을 패자로 보기 때문이다. 1등을 제외하면 결국 모든 사람이 상대적 패자다. 게다가 1등조차도 한 번의 시험으로 언제든 패자가 될 수 있다는 불안감에 시달리게 된다. 모두가 지는 게임의 구조인 것이다.

여기에 '더 열심히 하면 된다'는 신념까지 추가되면, 사람들은 패배의 이유를 '내가 충분히 노력하지 않아서'로 삼게 된다. 문제는 인간을 점수로 변환시킨 사회구조에 있는 것인데, '내가 잘하면 된다'는 생각으로 책임을 자기에게 지우게 되는 것이다. 당연히, 우울증이 생겨난다. 혹시라도 부모의 부나 권력으로 앞줄에 선 사람을 보게 되면 우울은 분노가 되고, 감정적 적대는 최극점에 달하게 된다. 공정성 하나를 믿고 시험과 스펙에 올인했는데, 공정성이 붕괴된 것으로 보이기 때문이다. 2019년 전국을 달군 조국 사태는 사실은 한국의 문화가 만들어 온 '공정한 스펙에 올인하기'의 결과다.

납작한 공정성. 『시사IN』에서 「20대 남자 현상」(2019. 4. 30)을 특집으로 다루면서 추출한 20대의 특징적 개념이다. 맥락도 계급도 과정도 생략된 '결과' 혹은 '성과'만으로 재단하는 공정성. 20대는 입시를 거치면서 내내 'SKY'라는 '하나의 잣대'에 올라설 것을 요구받았고, 그 잣대에 따른 서열로 스스로의 정체성을 채웠다. 학교와 가정의 공통된 메시지가 입시 성공이었으니, 아이를 탓할 수도 없다. 입시는 인간의 입체성 혹은 복잡성을 예리하게 제거하고 정체성의 자리에 들어선 것이다. 이어서 사회정의는 입시 공정성으로 축소되었다.

아무도 교육을 상품이라고 하지 않는다. 하지만 입시를 경유하여 교육은 이미 상품이 되었다. 입시 결과가 좋지 않으면 교육 실패라 말한다. 이렇게 해서 입시는 교육을 먹어 치우고, 스펙은 인성을 먹어 치웠다. 성적으로 줄을 세우고, 이탈한 사람은 무능하다고 떨궈 냈다. 그렇게 차근차근 상품강박이 교육현장을 점령함에 따라 '과정'과 '관계'는 삭제되었다. 누구도 의도치 않았지만, 대부분의 개인들이 '성공하기 위한 선택'을 한 결과, 상품강박의 사회가 되어 버린 것이다.

상품강박의 전염성은 강력하다. 불안과 욕망을 경유하기 때문이다. 그건 거의 자동적이다. 사실은 그래서 국가가 필요한 거다. 어떤 개인도 하지 못하는 선택, 즉 '제동'을 걸 수 있는 유일한 존재가 국가이기 때문이다. 국공립의 대학이나 학교들이 왜 존재하는가? 기준점을 제시하기 위해서다. 공공성이 왜 강조되는가? 개인의 자동적 이기심을 제어하기 위해서다.

사람들은 자유시장의 원리가 개인의 선택권을 증진시키고 관료화를 저지하고 효율성을 증대시킬 것이라 믿었지만, 실제로는 소비자주의의 확산 속에서 '통제'와 '냉소', '성과주의'가 팽창했다. '자유' '시장'에서는 마치 개인 소비자의 무한한 선택권이 있는 듯이 보이지만, 사실은 선택지가 먼저 존재한다. 교육 '시장'도 동일하다. 능력보다 성과지표가 먼저 존재하며, 개인은 정해진 지표 안에서 더 높은 성과에 도달하기 위해 부심한다. 시장에 나간 구매자는 들판을 뛰노는 아이들과 다르다. 구매자는 정해진 상품 안에서 선택할 수밖에 없으며, 따라서 선택의 아키텍처는 철저히 상품 생산자가 제시하는 리스트에서 벗어날 수 없다.

엄마들도 변한다. 아이들과의 사랑의 관계를 입시관리로 치환한다. '매니저 맘'은 '엄마'가 아니라 '매니저'다. 엄마라는 존재가 매니저라는 역할로 흡수되어 버리는 것이다. 입시의 책임은 엄마 개인이 진다. 대학에 들어가면 아이들은 온갖 스펙 쌓기에 내몰리지만, '제도가 보장하는' 스펙은 존재하지 않는다. 구직자는 알아서 더 멋진 스펙을 쌓아 더 나은 상품이 되어야 한다.

국가를 중심으로 하는 공공성이 중요한 이유는, 이 끝없는 경쟁의 사슬을 개인은 절대로 끊을 수 없기 때문이다. 국가가 나서서 과도한 상품 연쇄를 불가능하게 해야 한다. 우리 사회가 다양성과 이질성을 지향한다고 천명하고 이를 예컨대 입시에 반영해야 한다.

사실 속내를 말하자면, 다양하면 피곤하고 이질적이면 불쾌하다. 자기와 비슷하고 자기 말이 쉽게 이해되는 '우리' 집단을 두고,

자기와 다르고 이해도 하기 힘든 '남'의 집단을 선택하는 사람은 아무도 없다. 하지만 궁극적으로 나의 행복을 증진시키려면, 나는 잘 알 수 없는 환경에도 적응할 수 있어야 하며, 이것이 가능하려면 잘 알기 어려운 존재들과 만나고 소통하기 위해 최선을 다해야 한다.

시장의 문법을 넘어, 인간 문법으로

마투라나와 바렐라는 『앎의 나무』에서, 생명이란 자기생산능력을 가진 개체로, "자기가 따르는 법칙이나 자기에게 고유한 것을 스스로 결정할 수 있는 체제"라고 정의한다. 내가 옳다고 생각하는 바를 내가 정하는 것. 전형적으로 '자율'의 정의다. 마투라나의 정의를 다른 말로 하면, '생명은 기본적으로 자율적이다'라는 것이다.

그런데 자율적이라고 해서 고립적인 것은 아니다. 생명은 자기만의 자율적 결정을 토대로 살아가지만, 에너지를 반드시 밖에서 얻어 와야 한다. 다른 생명인 환경과 소통해야만 생존하고 성장할 수 있는 것이다. 소통은 지속적으로 에너지를 얻고 또 방출한다는 점에서 일회적이 아니라 안정적이고 구조적이어야 한다. 생명체가 살아간다는 것은 자신의 외부에 놓여 있는 환경과 '구조 접

배움의 독립선언, 평생학습

속'을 전제로 한다.

가뭄에도 민들레가 피어나는 것은 민들레의 뿌리가 건조한 토양과 구조 접속한 결과이다. 그 땅의 밑바닥에서는 민들레의 뿌리와 구조 접속한 미/생물들이 또한 살고 있을 것이다. 연결된다는 것은 생존의 토대인 것이며, 능동적으로 자기 몸의 구조를 바꾸는 과정이 진행될 경우에만, 생명은 연결 속에서 생존한다.

이런 차원에서 보면, 인간의 학습도 환경과 맞물려 형성되고 성장하는 생명현상이다. 갓 태어난 아기를 떠올려 보자. 부모가 없다면, 사회적 자원이 없다면 어떻게 될까? 현대사회에서 인간은 타인의 보살핌이 없이는 생존할 수 없는 극단적으로 무력한 존재이며, 사회와 문화라는 인공물 안으로 들어가기 위해 학습하지 않고서는 살아갈 수 없다. 타인과 연대하고 구조 접속하지 않고서는 지속가능하지 않은 존재인 것이다.

가치중립적이고 능력 중심의 관리나 통제가 '교육이라는 꼬리표'를 매단 채 사회의 저변을 휩쓸도록 내버려 둔 지 꽤 시간이 흘렀다. 사람들은 인적 관리 체제에 구조 접속되어, 인간을 상품으로 보는 일에 점점 더 익숙해지고 있다. 다시 한 번 말한다. 국가, 공공, 정책, 제도가 중요한 이유는, 그것이 틀거리가 되어 그 안에 담기는 부드럽고 유연한 마음들을 바꾸어 내기 때문이다. 적어도 교육현장에서는, 인간을 상품화하는 메커니즘들과 단호하게 결별하

프랙탈 구조는 환경과 유기체의 상생적 결합을 잘 드러낸다.

동일한 것이 반복되지만 그것은 동시에 다른 개체의 환경을 창조한다.

이는 곧 생명의 작동 원리이다.

(출처 http://blog.daum.net/sabiart/8274980)

배움의 독립선언, 평생학습

게 해 주어야 한다.

자식이 '잘 팔리는 상품'이 되게 하고 싶은 마음은 누구나 있다. 그걸 뭐라 할 수는 없다. 힘을 가진 기업이 스펙이나 점수가 아니라, 창의력 있고 잠재력 있는 청년들을 다양하게 선발해야 한다. 힘을 가진 대학이 나서서 청소년기를 건강하게 보낸 잠재력 있는 아이들을 뽑아야 한다. 그런 선발에 돈을 써야 한다. 그것을 국가가 강제해야 한다. 4차 산업혁명을 거품 물고 강조하면서도, 그에 걸맞은 아이들을 길러 내거나 선발하지 않는 것이 우리의 현실이다. 이렇게 해서는 새로운 사회의 문법은 생겨나기 어렵다. 다양한 것이 좋은 것이고, 쓸모없어 보이는 것이 가장 쓸모 있는 것이라는 '인간의 문법'을 단호히 보여 주어야 한다. 그렇게 상품강박의 흡인력이 멈춘 자리에서, 아이들의 시야가 열리기 시작할 것이다.

'싸강'은
왜 열등한 수업이 되었나

카메라는 반응하지 않는다

코로나19 사태로 대면 수업이 불가능해지자, 전국적으로 온라인 수업이 전격 도입되었다. 그간 '인강(인터넷 강의)'이라고 불리던 학원가 중심의 온라인 수업을 이어, 대학에서는 줌이나 구글 행아웃을 통해 실시간으로 사이버 공간에서 만나 수업을 하는 '싸강(사이버 강의)'이 등장했다. 문제는 인강이건 싸강이건, 학생이나 교수, 대학 당국과 정부까지도 대면 수업보다 열등한 것이라 여기고 있다는 거다. 열등한 수업을 거의 한 학기 내내 진행한다고 생각하니, 학생은 등록금 일부 환불을 요청하고, 대학에서는 과제나 온라인 토론 등 부가적 활동을 제시하기 위해 부심한다.

배움의 독립선언, 평생학습

사실, 얼굴을 맞대고 수업하는 것은 멀리 떨어져서 모니터를 통해 수업하는 것보다 우월한 점이 많다. 가장 좋은 점은 학생의 상태를 파악해서 수업 내용을 조절할 수 있다는 점이다. 느리거나 빠르게 조절하는 것은 물론, 농담이나 경험을 들추어내는 일도 학생들과의 대화 속에서 가능하다. 학생들의 눈빛을 보며, 새로운 내용이 첨가되기도 한다. 수업을 잘하는 선생들은 대부분, 학생의 수준을 빠르게 읽어 낸다. 그래서 본질적으로 수업은 일방향적인 설명이 아니다.

그래서일 거다. 처음 방송통신대에서 원격 수업을 제작하면서, 가장 당황스러웠던 것은 카메라에서는 어떤 메시지도 나오지 않는다는 점이었다. 대면 수업에서 교수는 자연스럽게 학생의 표정과 눈동자를 읽어 가게 된다. 적극적인 태도도 좋지만, 졸린 눈, 한숨, 딴짓조차도 수업의 속도를 조절하는 정보가 된다. 하지만 카메라는 반응하지 않는다. 그러니 온라인 콘텐츠를 제작해서 올리는 원격 수업에서는 수업 고유의 '호흡 조절'이 불가능하다. 카메라 렌즈는 블랙홀처럼, 나의 수업 내용을 빨아들이기만 한다.

그래서 온라인으로 하는 수업일수록, 오프라인에서 학생의 반응을 충분히 겪었던 선생이 더 수업을 잘한다. 예상되는 반응을 상상할 수 있어야 재미난 온라인 수업이 가능하다. '보이지 않는 학생'을 향해 수업 속도를 조절할 수 있는 노하우가 필요한 것이다. 그러므로 평생교육의 장면에서 수업을 설계하는 입장에서는 온-오프를 넘나드는 상상력이 요구된다.

온라인 수업, 낯설게 보기

다른 방식으로 보자면, 일반적으로 온라인은 오프라인에 미숙한 사람들이 활동하기 좋은 곳이라 인식되고 있지만, 교육은 이와 반대라는 말이다. 온라인은 익명성을 보장하고, 제스처 등 신체가 보여 주는 단서들을 삭제한다. 그래서 대면 상황에서 움츠러들고, 자신을 표현하지 못하던 사람들이 온라인에서는 공격적이고 과도할 정도로 자신감을 보이기도 한다. 이것은 온라인의 강점이라고 볼 수도 있는 '솔직함'을 가능하게 해 준다. 온라인 동호회에서 만난 사람들은 오프라인보다 훨씬 더 강력한 '내적 연대감'을 느끼기도 한다.

　하지만 교육은 교육자가 '판'을 깔아 주는 일을 전제로 운영된다. 교육 내용이 있고, 목표가 있다. 따라서 온라인에서 강의를 잘하려면, 학습자들이 드러낼 수 있는 여러 반응을 미리 파악하고 있어야 한다. 몰입할 만한 인트로로 주의를 끌어야 하며, 10분이 되기 전에 환기시키는 멘트를 '날려 줘야' 하고, 적당한 반복과 따라 하기를 통해 각성의 순간을 가져야 한다. 소위 '일타 강사'는 지식을 온전히 자기 말로 소화해 내는 내용 장악력은 물론, 다양하고 복잡한 학습자의 맥락과 내면을, 아마도 본능적으로 읽을 줄 아는 사람들일 것이다.

온라인 콘텐츠 제작을 하다 보면, 온라인은 오프라인의 문제를 증폭시켜 보여 준다. 말하는 습관, 손짓, 몸짓의 작은 문제점들이 분명하게 드러난다. 학생에게 질문하거나 활동지를 배포할 기회가 없으므로, 논리적으로 명민하게 짜여 있지 않은 내용은 재미없는 나열식이 될 수밖에 없다. '첫째, 둘째, 셋째'가 대표적이다. 인과관계를 해석하고, 자신의 말로 정리해서 제시해 주거나 사례를 들어 생동감 있게 설명하지 않으면, 온라인 수업은 책 읽는 것보다 낫기 어렵다는 말이다.

바로 그 점 때문에, 엄밀하게 따져 보면 온라인 수업은 오프라인 수업보다 나쁠 수가 없다. 잘 만들기만 하면, 온라인 수업이 더 좋을 수도 있다는 말이다. 학습활동도 수준별로 가능하며, 학생의 입장에서 보면 온라인 수업은 수차례 반복해서, 모르는 부분을 집중적으로 볼 수 있다. 모른다는 티가 나지도 않으니 심리적으로 주눅 들 일도 없다. 사실 온라인 수업의 밀도는 매우 높다. 그래서 끝까지 집중하기 어려운 반면, 충분하게만 이해한다면 그보다 더 효과적일 수 없다.

평생교육 영역을 보면, 온라인은 이미 중요한 교육환경으로 자리 잡은 지 오래다. 홈페이지는 물론이고, 교육을 위한 LMS(Learning Management System)를 통해 학습자의 빅데이터를 관리한다. 의지만 있으면, 학습자의 인구학적 특성에 따라 어떤 학습 경로가 만들어지는지도 밝힐 수 있다. 직업훈련은 원격 직업훈련 체제로 전환한 지 20년이 넘어가고 있고, 원격 대학도 2001년부터 법제화되어 있다.

매체가 아니라 차별이 문제

그러면 왜 대학에서는 전면적으로 온라인 교육을 검토하지 않았을까? 온라인 대학은 왜 일반 대학보다 수준이 낮다고 여겨질까? 선입견 때문이다. 지금도, 대학에서 온라인 수업은 수업 전체의 20%를 넘지 않도록 규제되어 있다. 서구에서는 상상도 못 할 일이다. 코로나19가 본격화되자, 대학의 홈페이지는 곧장 줌(Zoom, 화상회의 플랫폼) 체제로 전환했다. 이미 수업 지원 메뉴에 줌이 있었기 때문이다. 싸강이건 대면 강의건, 중요한 것은 학생들이 학습하는 것이고, 교수가 그 결과를 책임진다는 인식이 분명하면, 퍼센트를 정할 필요는 전혀 없다.

배움의 독립선언, 평생학습

한국에서는 대학의 이러닝을 진작하기 위한 권역별 이러닝 지원 센터까지 만들어졌지만, 결국 대학 수업의 이러닝으로의 전환은 실패했다. 왜? 한국 사회의 고질적인 '구별 짓기' 문화 때문이다. 그것은 인터넷에서 하는 수업은 질이 낮을 것이라는 인식, 그리고 그런 수업은 24세 이상의 성인 학습자들의 '사이버 대학'이 하는 것이라 '일반' 대학과 섞어서는 안 된다는 편견이다. 성인 학습자를 대상으로 하는 원격-평생교육은 수준이 떨어질 거라고 가정한다. 고등교육은 평생교육보다 수준이 높으니 법적 장치가 있어야 한다고 생각한다. 학생은 선생보다 지식이 부족하니 주어지는 대로 받아들여야 한다고 주장한다. 내면보다는 외적 특성에, 다양성보다는 위계에 주목한 결과들이다. 결국 이러닝이 열등한 수업이 된 것은, 수업을 교사와 학생 간의 '관계'로 보지 못하고, 학습자를 존중하지 않아도 된다고 여겼던 수업의 정의(定義), 교육의 습관 때문이다.

우리 교육현장에는 이런 규제와 장치들이 너무나 많다. 그런 제도들 속에서 '자율'의 능력이 저하된다. 제도는 학습의 주체로서 학습자가 아니라 학위를 타러 온 학습자들이라 믿을 수 없고, 정련된 지식을 위해서가 아니라 학위 장사를 하기 위한 대학이니 강력하게 규제해야 한다는 입장을 갖는다. 결국 편견과 차별이 강화되고 마는 거다.

'일반' 대학에서 대면 강의를 대신하고 있는 '싸강'들은, 사실 그간 추진되고 논의되어 왔던 '온라인 수업'이 아니다. 온라인에 사전 제작된 온라인 콘텐츠를 올려 학생들이 원하는 때에 내려받고, 자기주도적으로 학습하도록 하는 수업이 아니기 때문이다. 싸강은 오히려 대면 수업을 원거리에서 받을 수 있도록 하는 거리의 압축만을 실현한다.

미래의 수업 형태로 각광을 받는 '거꾸로 교육법(플립러닝, flipped learning)'은 온-오프의 장점을 교육학적으로 결합한 교수법이다. 온라인 콘텐츠를 학생들이 미리 학습하고, 오프라인에서 만나 그 내용을 상호작용을 통해 익히고, 평가받는 과정을 진행한다는 것이다. 이렇게 하려면, 학습자가 해당 내용을 어떻게 학습할 때 가장 효과적인지에 대한 이해, 학습활동이나 상호작용에 대한 이해, 평가의 다양한 방식에 대한 이해, 그리고 상상력에 기초한 전체 수업의 기획이 이루어져야 한다. 수업 내용에 대한 지식만으로는 불가능한 것이다.

이제 다양한 시도들이 출현하면서 원격 교육의 지형은 다양하게 진화할 것 같다. 어떤 형태가 되건, 싸강은 대면교육의 소통 방식을 변화시키게 될 것이다. 그리고 그 성공은 학습자를 탐색하고, 읽어 내고, 그들의 이해와 배움에 대해 얼마나 관심을 기울이는가에 달려 있을 것으로 보인다.

배움의 독립선언, 평생학습

평생교육의 역사는 성인 학습자에 대한 관심의 역사였고, 이제 발달된 기술은 그 역사가 보여 주었던 학습자-교육자 간 평등한 관계를 초대한다. 간단하다. '싸강'과 대면 수업 간에 차이가 있는 것이 아니다. 좋은 수업과 나쁜 수업의 차이다. 지식을 자기 것으로 만든 선생이 배우고자 하는 학생을 같은 눈높이에서 만날 때, 싸강이건 인강이건 대면 수업이건, 좋은 수업이 생겨난다.

두려움과 배움은
함께 춤출 수 없다[2)](#)

생존과 두려움, 그리고 배움

"안 돼!!"

엄마의 외침에 앞쪽으로 걸어가던 서너 살 된 아기가 발을 딱 멈춘다.

브레이크를 잡은 여파로 약간 몸이 흔들렸지만 아기는 뒤를 돌아보고 엄마 표정을 살핀다.

'나 잘한 거지? 혼나는 건가?'

엄마가 걱정 어린 표정으로 말한다.

---

2) 미국의 대안학교 알바니 프리스쿨의 경험을 기록한 크리스 메르코글리아노의 책 제목임.

배움의 독립선언, 평생학습

"이 아래로 내려가면 큰일 나는 거야. 빵빵 차에 다쳐요. 가운데
로만 다녀~"

엄마의 설명에 아이는 다시 마음을 놓고 아장거리며 계속 걸어
간다.

이 짧은 순간, 아이의 머릿속에서는 어떤 일이 일어났을까? 한
마디로, 파충류의 뇌가 포유류의 뇌를 장악하는 '급제동'이 일어
났다고 볼 수 있다. 인간의 두뇌는 크게 세 부분으로 나뉘어 있
고, 각 부분은 서로 겹쳐져 있다. 생물체 진화 과정에서 비교적 먼
저 생성된 편도체는 원초적인 두뇌로 두개골의 기저에 자리 잡고
있다. 생존 본능에 해당하기 때문에 생존과 관련된 일이 생기지
않으면 부차적인 기능을 담당한다. 파충류의 뇌를 감싼 뇌가 변
연계다. 변연계는 인간의 인식이나 감정, 직관이 작동하는 곳으로
포유류에게서 출현하는 뇌다. 복잡한 삶의 상황에 몸을 맞추어
내는 능력도 이 포유류의 변연계가 담당한다. 면역체계나 자기 치
유력도 이 뇌가 관장한다. 최종적으로 인간만이 가진 뇌가 가장
거대한 대뇌피질이다. 대뇌피질은 인간의 창조적인 능력, 문제해
결능력 등을 관장한다.

아이가 길거리를 거닐면서 이것저것을 보고 만지며 세상을 알
아 가는 장면에서, 아이 머릿속의 변연계와 대뇌피질에서는 정보

와 에너지가 자연스럽게 흐른다. 새로운 정보가 습득되고 통합되는 것이다. 엄마의 외침은 이런 흐름을 가로지른다. 그 메시지는 하나다. "생존!"

엄마의 위협 신호는 파충류의 뇌 편도체를 급히 불러올린다. 급제동이 걸리는 거다. 엄마의 금지명령이 떨어지는 순간, 아이의 두뇌는 기어 전환에 돌입한다. 가장 깊이 숨어 있던 본능의 뇌가 전면에 나선다. 이렇게 되면 다른 뇌들은 정지한다. 얼음땡 놀이의 '얼음' 상태가 되는 거다. 상위 수준의 뇌가 가지던 모든 생성적이고 창조적인 힘은 순식간에 파충류적 생존에 봉사하는 것으로 바뀌게 된다.

사실 생존에 대한 위협은 본능적이다. 모든 생명은 살고자 하기 때문이다. 자동차에서 갑자기 후진 기어를 넣으면 엔진에 무리가 가듯이, 이리저리 탐색을 하던 뇌에 급격한 금지명령은 무리를 일으킨다. 미래를 두려워하고, 지나치게 방어하고 준비하면, 창조적이고 탐색적인 뇌는 정교하게 발달할 수가 없다. 인간의 창조적 뇌는 생존의 문제가 제기되면 뒷줄에 서는 수밖에 없기 때문이다.

문제는 생존에 실제로 문제가 생기지 않는 경우에도 '걱정'으로 인해 '얼음' 상태가 된다는 점이다. 인간은 걱정을 하는 유일한 동물이다. 노화, 전쟁, 빈곤은 이 '걱정'을 경유하여 생존을 박탈한다. 이렇게 걱정이 생활이 되면, '생존!' 외침은 전반적인 사고의 기능 저하를 가져오게 된다. 상당수의 공포와 위협이, 있지도 않은 두려움을 상상하여 생겨난다. 때로는 사회 전체가 이런 공포의 확장과 증식에 편승할 수도 있다. 우울하게도 우리 사회는 상당 부분 두려움을 동력으로 움직이고 있고, 학교는 그 두려움의 회차 지점이 되고 있다.

놀라운 예 하나를 보자. 불과 몇 년 전, 버스 정류장에 세워져 있던 거대한 광고문이다.

지금 잠이 옵니까?

늙지도, 아프지도 않을 자신이 있으신가 봅니다.

아니면 노후 의료비를 2배로 준비해 놓으셨나 봅니다.

나이 들어 병들면 젊을 때보다 간병인의 손길이 더 필요하고 수술 및 치

료비용도 많이 들며 회복 기간도 길어질 수밖에 없습니다.

××라이프의 모든 종신 보험 상품은 55세 이후에 발생하는 의료비를

두 배로 보상해 드립니다.

전형적인 '공포 마케팅'이다. "당신 55세 넘었지? 근데 충분한 돈 있어? 없으면 얼른 보험 들어. 그러지 않으면 끝장이야. 마련해 둔 돈도 없으면서 이 판국에 잠이 와?" 이런 소리를 들으면 파충류의 뇌가 벌떡 깨어난다. 자신의 모든 삶이 노후 의료비의 관점에서

재평가를 받고, 노후 자금을 마련하는 데 장애가 되었던 인간관계와 사건들이 후회로 밀려온다. 책망에 가슴을 친다. 인생이 쪼그라든다. 두려움과 공포가 밀려오면, 인간은 무력하게 축소되기 마련이다. 배움은 정지된다.

배움의 신화적 해석

신화적으로 해석해 보면, 배움이 정지된 공포의 세계는 죽음의 신인 타나토스(Thanatos)의 세계이고, 배움이 활성화된 창조의 세계는 사랑의 신인 에로스(Eros)의 세계이다. 즉, 배운다는 건 죽음과 파괴와 정지로부터 삶과 사랑과 생성으로의 전환에 수반되는 필수적인 행위라고 볼 수 있다. 생각해 보면 이는 매우 간단한 원리다. 인간의 원초적 본능은 죽음에서 벗어나고자 하는 것이다. 태어나서 가만히 있으면 어떻게 되는가? 죽는다. 그러면 어떻게 해야 하는가? 자기를 돌봐 주는 사람들의 표정을 읽고, 그들이 알고 있는 언어에 맞춰 자신의 상태를 알릴 수 있어야 한다.

걷기를 배우고 말을 배우고, 그렇게 생존을 위해 주변을 알아가는 학습을 통해서 아이들은 부모가 속한 '사회'라는 세계로 들어선다. 조금 큰 아이들은 오래전이라면 불을 피우고, 독초를 분별하고, 도끼질을 하고 그릇을 구워 내는 일을 배웠을 것이다. 오늘날에도 소통하고 일하는 법을 배우고, 사회를 유지하는 일을 배우고 있을 것이다. 그렇게 해서 아이들은 삶의 세계를 거듭 새롭게 창조해 왔다.

가만히 보면, 죽음에서 삶으로의 전환에는 사랑이 있다. 부모가 아이를 왜 돌보는가? 왜 함께 먹을 감고 사냥을 하게 되는가? 사랑하기 때문이다. 자궁과의 연결이 끊어져 태내 생활이 파괴된 신생아는 다시 부모의 따뜻한 시선 속에서 행복한 어린이로 자라난다. 타인을 어여삐 여기고 타인의 성장을 위해 기꺼이 도움을 주는 자애로움이 삶의 기축이다. 이것이 사람을 살리는 일의 중심에 있는 사랑, 즉 에로스이다. 사랑은 생명이고, 확장이고, 성장이다.

아이들은 주변의 보살핌 속에서 사랑을 배우고, 그 사랑의 확장 속에서 동무들을 사귀었을 것이다. 동무들과의 소통을 배우고, 함께 즐거워함을 배우고 나누는 과정 속에서 에로스적인 학습은 확장되었을 것이다. 이런 에로스의 학습 속에서, 타나토스적 공포는 우리 시야에서 사라진다. 다시 말해 우리는 살기 위해 배우고, 삶을 풍요롭게 하기 위해 배운다.

그런데 현실을 보면, 배움이 이렇게 이상적이기만 한 건 아니다. 정확하게 말하자면, 타나토스적인 교육, 즉 공포를 부추기는 교육이 더 극성스럽다. 타나토스적 학습이 에로스적인 학습보다 강고하게 자리 잡고 있다. 단적으로, 배움의 즐거움보다는 배움에서 뒤처질 것 같은 공포가 더 크지 않은가? 타나토스적 공포를 부추기는 패러다임이 일상화되어서 그렇다. 그런 배움은 '지배'를 향한 배움이다. 사람과 사물을 지배하기 위한 지식, 무기를 만들고, 기계를 통해 세계를 통제하고자 하는 지식이 그런 배움에서 나온다.

지식과 힘이 결합하면 인간에게는 무한한 권력이 생겨난다. 소수의 사람들은 자기 영역에서 지식을 쌓았고 그것으로 벽을 만들었다. 자신이 아는 것을 다른 사람은 몰라야 했다. 아는 자가 모르는 자를 통제하고 통치하는 것, 그것이 제도가 되는 것. 이것이 타나토스의 교육, 지배를 향한 학습이다. 그런 학습의 법칙 속에서는 사람들은 분열되고, 배움은 무시 혹은 억압과 결합된다. 못 배운 사람들은 다른 사람들에게 무시당하거나, 스스로를 억압하는 것이다. 이것은 배움의 기쁨의 반대편에서 일어나는 배움을 활용한 억압이다. 금지와 명령 속에서 학습은 복종의 다른 말이 되었다.

욕망을 담아낸 두 진영의 학습

인간에게는 에로스 즉 사랑-생명에로의 욕망도 있고, 타나토스 즉 죽음-파괴에로의 욕망도 있다. 배움은 대개 그 욕망들과 결합

배움의 독립선언, 평생학습

한다. 에로스적 욕망은 삶의 욕망이다. 인간에게는 기본적으로 생명에로의 욕망이 있다. 꽃에 미소 짓고 아이를 키우고 주변을 가꾸는 것은 삶을 피어나게 한다. 인간이 가장 편안하고 즐거운 순간은 타인의 지지를 얻었을 때이다. 다른 사람의 인정과 그들과의 연대로 사람들은 행복할 수 있다. 뇌 과학은 인간의 뇌가 놀라울 정도로 사회적이며, 가소성이 있음을 알려 준다. 생명을 더 키워 내고 살려 내는 학습도 당연히 존재한다. 그러나 제도적 힘은 잘 따라오지 않는다. 생명이란 워낙 작고 부드러운 특성을 본질로 삼기 때문이다.

하지만 타나토스적 죽음-파괴의 욕망도 편재한다. 아주 어린 아이들도 개미를 보면 짓누르고, 막대기를 주면 싸움을 한다. 타인을 지배하고 환경을 통제할 때 생기는 희열은 본능적이다. 뇌 과학의 주장에 따르면, 축구 경기를 실시간으로 보고자 하는 태도는 경기의 결과에 자신의 응원이 영향을 미칠 수 있다고 자동적으로 믿게 되어 있는 뇌의 지향성 때문이다. 끝난 경기는 자신이 승패에 영향을 미칠 수 없다고 생각되므로 재미가 반감된다는 것이다!

이렇듯 뇌 과학은 인간의 뇌가 얼마나 자기중심적이며, 외부에 대해 지배적인 힘을 가하고자 하는지 그러나 동시에 얼마나 사회적이며 타자 지향적인지 알려 준다. 인간은 약자를 자신과 다른 존재로 규정하고자 하고, 바로 그런 이유로 약자를 멸시하고 무시한다. 하지만 거울뉴런에서 보듯 타자를 닮아 가고, 어려움에 빠진 사람을 구하며 연민을 느낀다.

타나토스적 욕망은 두려움을 불러온다. 이런 종류의 학습은 종종 제도와 결합한다. 이런 학습에 권력이 덧입혀지면, 그 파괴력은 나치 수준이 된다. 가공할 만하다. 에로스적 욕망은 타나토스에 비하면 무참할 정도로 힘이 없다. 그런데 시멘트 틈 사이로 새싹이 움터 오르듯, 타나토스-에로스의 투쟁이 간단한 게임은 아니다. 인간은 아무리 통제하려고 해도 자율성을 가지고 저항하는 존재인 동시에, 평화로운 호수에 돌을 던지는 쾌감을 포기하지 못하는 존재이기 때문이다. 그 두 진영 모두에서 학습이 일어난다. 더 많은 권력으로 더 많은 사람에게 자신의 힘을 발휘하기 위한 학습과 자신의 내면의 온전성을 가꾸고 파괴적 충동을 제어해 나가는 학습이 일어난다. 한편에서는 무기 생산의 지식이 쌓이고, 다른 한쪽에서는 기후문제 해결을 위한 공동체 학습이 진행된다.

인내로 이루어지는 에로스적 교육

공포를 일으키는 협박성 광고문은 종종 교육의 외피를 입는다. "공부 안 하면 거렁뱅이 된다." 아마도 많은 사람들에게 익숙한 이 멘

배움의 독립선언, 평생학습

트는 학생이 된 아이들에게 상당한 각성효과를 일으켰을 것이다. 배우는 이유는 뒤처지지 않기 위한 것이고, 공부를 하는 이유는 시험에 합격하기 위한 것이다. 사회가 온통 공포를 일으키는데, 학교에서는 거기에 더하여 상벌체제를 도입하여 두려움을 배가한다.

간단하고 명료한 것, 분명하고 제도적인 것은 빠르지만 타나토스에 봉사한다. 속도는 두려움을 일으키고, 두려움은 편도체를 활성화한다. 생존 본능 위에서는 권력의 법칙이 작동할 뿐, 탐색과 호기심이 자라는 건 불가능하다. 능동적이고 즐거운 배움은 사라진다.

공포로 인해 전면에 나선 편도체를 다시 잠재울 수 있는 것. 타인과의 비교와 대결을 가라앉힐 수 있는 힘. 그것은 학습이 에로스적 욕망 편에 설 때 시작된다. 에로스적 욕망은 타자를 위해 자아를 버리는 것, 다른 사람 안으로 자신이 스며드는 것, 나를 타자에게 온전히 내어 주는 것이다. 감싸 안아 둘이 하나가 되는 것, 둘이 하나가 되도록 업어 주는 것이다. 등줄기를 통해 전달되는 심장소리의 따뜻함 속에서 잠이 드는 것이다. 내가 열려 타인이 내 안에 들어와야만 새로운 생명의 작은 움직임이 시작된다. 강력하다. 하지만 그건 힘든 일이다.

"너희는 인내로써 생명을 얻어라"(루카 21:19). 엉뚱하게 보이지만, 성경에서 약간의 힌트를 얻을 수 있다. 생명으로 나아가려면, 인내해야 한다는 말이다. 참고 견딤이 없으면 생명은 우리에게 올 수 없다. 씨앗이 새싹이 되려면 시간이 필요하고, 아기가 태어나려면 산모의 고통이 있어야 한다. 그러니 생명을 살리는 교육은 인내를 필요로 한다. 참고, 기다려야 한다는 말이다.

학습자 중심 교육의 본질, '이해관심'

학습자 중심 교육의 본질은 학습자의 이해관심(interest)이다. 영어로는 interest로 동일하게 사용되어도, 이해관심은 흥미를 끄는(interesting) 것을 말하는 것도 아니고, 눈앞의 이익(interest)을 말하는 것도 아니다. 학습자들이 재미있어하는 것을 제공하는 것이라든가 승진이나 취업과 같은 현실적 필요에 부응하는 교육은 학습자 중심 교육이라고 볼 수 없다. 핵심이 빠져 있기 때문이다. 학습자 중심 교육은 학습자의 성장이라는 차원에서 온전한 주체가 되어 가는 과정, 생명성이 살아나는 배움을 말한다.

자신에 대한 성찰성, 타인에 대한 관용 등은 온전한 주체가 되기 위한 전제다. 그래서 학습자 중심 교육은 흥미 위주 교육과 구분된다. 학습자의 욕구를 무조건 받아들이는 학습자 추수적인 교육은 결국은 학습자를 소외시키고 마니, 학습자 '중심'이라고 볼 수 없다. 또한 학습자 중심 교육은, 자기를 '경영'하며 더 높은 상

배움의 독립선언, 평생학습

품가치를 갖기 위해 계속 자신을 '계발'하는 인적 자원 개발의 교육과도 다르다.

약간의 극단화를 감수하고 말하자면, '제도'는 생명성의 반대편에 있다. 제도화되거나 제도를 위해 진행되는 교육은, 생명을 무시하게 될 거라는 말이다. 일찍이 일리치(Ivan Illich)가 말했듯이, 제도화는 인간을 소외시킨다. 제도는 효율을 추구하고, 사람을 나누고, 생명을 자원으로 전환한다. 따라서 제도의 욕망에 복종하면, 인간의 성장 과정에는 두려움이 스며들 수밖에 없다. 그런 점에서 생명을 키워 내는 제도인 학교는 모순적 실천을 할 수밖에 없는 어려움이 가득한 공간이다. 아이들을 온전한 생명으로 키워 내야 하지만, 인적 자원으로 평가-분별해야 하는 소명을 가지기 때문이다.

제도를 가르는 힘은 제도를 만든 사람들에게서 나올 수밖에 없다. 교육공동체가 필요한 이유는, 아이의 성장이라는 목표 아래 사람들이 결합될 때, 그 새로운 실천 속에서 교사의 치열한 고단함과 부모의 성실한 불안감이 사라질 수 있기 때문이다. 그것은, 정치와 경제, 권력과 재력이 교육과 학습을 위해 복무하도록 하는 노력으로, 성장이라는 말랑말랑하고 작은 생명성에 정치와 경제의 딱딱한 권력들이 봉사하도록 하는 전복적 실천이다.

끝으로, 타나토스와 에로스의 차원과 구분되는, 차원이 다른 '또 하나의 학습'이 있다는 점도 잊지 말아야 한다. 그것은 '학습에

행위대상	가르치기	배우기
가르치기	1. 가르치기를 가르치기	2. 가르치기를 배우기
배우기	3. 배우기를 가르치기	4. 배우기를 배우기

[표 1] '가르치기'와 '배우기'의 교차 방식

대한 학습(Learning to Learn)'이다.

위 표의 3과 4가 평생학습의 주된 영역이다. 학습은 그것이 학습 자체를 바라볼 수 있도록 한다는 점에서 다른 어떤 활동보다도 근본적이고 힘이 있다. 인간은 자신이 어떤 학습을 하는지, 그 학습의 결과 어떤 결과를 낳는지 자체를 학습할 수 있는 유일무이의 존재인 것이다. 그래서 인간은 다른 어떤 존재도 할 수 없는 일을 한다. 반성이다. 그래서 인간은 죽어 가던 세상을 살리기도 한다.

그것은 자신이 어떤 행동을 하는지 바라보고, 자기 욕망의 근원을 직시하는 일이다. 인간과 인간이 서로 연결되어 있고, 개인의 작은 행위가 큰 영향을 미칠 수 있다는 것을 깨닫게 한다. 근원적인 행복은 좀 더 높고 넓은 어떤 것을 탐색하고 함께 연대하는 일에 있다는 것을 알면, 사람들의 행동은 바뀐다. 학습자 중심 교육이란, 자신의 이해관심을 스스로가 볼 줄 아는 눈을 기르는 교육, 타인의 이해관심을 포용적으로 바라볼 수 있는 교육인 것이다.

배움의 독립선언, 평생학습

마음의 무늬를
새기는 교육

담금질하는 교육문화

벌써 15년 전이다. 아이를 대안학교에 보내기로 했다고 하자, 사람들은 아이의 미래를 걱정하면서 이렇게 말했다. "대안학교를 다니면서 즐겁게 생활하는 건 너무 좋죠. 그런데 그렇게 물렁하게 커서 잘 살아갈 수 있을까, 그게 좀 걱정되지 않나요?"

정확히 그랬다. 입시경쟁에서 뒤처지지 않을까라는 걱정은 물론이고 직장생활을 제대로 할 수 있을까 하는 염려도 들었다. 아이가 지나치게 내성적이지만 않았다면, 어쩌면 대안학교를 보내지 않았을지도 모른다. 고민 끝에 아이를 대안학교에 보냈고, 이제 그 아이가 대학 4학년이 되었다. 어제, 오랜만에 동창들과 이런저런 이야기를 나누다가 다시 그 질문을 받았다.

"대안학교 보내면 애들이 너무 물러지지 않나요?" 10년이 넘는 시간이 흘렀는데도, '이탈'에 대한 공포가 여전했다. 소위 명문대에 입학하면 그건 행운이나 유전적 소인이라 여겨졌고, 또 소위 '지잡대'에 가면 예상된 바라며 안쓰러워했다. 확증편향의 원리가 정확히 작용하고 있다고 할까. 대부분의 부모들은 중·고등학교에서 여유 있게 살면 사회의 부적응자가 될 것이라는 확신에 가까운 고정관점을 가지고 있었다.

그건 아마 우리 부모 세대가 그렇게 살았기 때문일 거다. 학교에서 억울하고 분한 일이 생기고, 교사의 폭력이나 친구들의 따돌림을 겪을 때마다, 우리는 이렇게 자조하면서 참아 냈을 것이다. "억울하면 출세해라, 출세해서 변화시켜라." 학교에서의 고통은 생존경쟁에서 살아남기 위해 필수 불가결한 것으로 정당화되었다. 그런 문화 속에서, 우리 세대는 자연스럽게 "사회에서 잘 살기 위해서는 학교에서 더 강하게 인내해야 한다"는 등식을 성립시켰는지도 모르겠다. 그건, '마음'을 무기나 도구쯤으로 보는 일이었다. 철을 담금질해야 강한 칼이 되듯이, 마음도 고통을 겪어야 더욱 단단해지고, 더 잘 살 수 있다는 거였다.

물론 이런 생각은 근거 없는 이데올로기다. 어릴 때의 트라우마는 평생의 고통을 낳는다. 생각과 해석과 감정의 방식을 틀 짓기

배움의 독립선언, 평생학습

때문이다. 느닷없이 가해진 비난이나 폭력은 마음 밑바닥에 침잠되어 있다가 중년기에 우울증이나 편집증, 가학이나 투사 등으로 뒤통수를 치기 마련이다. 우리 사회에 소위 '갑질'이나 성희롱, 폭력이 만연한 것은 그것을 정당화하는 학교문화가 받치고 있기 때문이라고 해도 과언이 아니다.

입시가 낳은 마음의 밭

마음을 무기처럼 단련시켜야 잘 살 수 있다는 믿음은 생각보다 강고하다. 아이가 원하는 대로 학원을 보내지 않는 엄마는 '나이브'하다고 손가락질을 받기도 하고, 입시에 성공하지 못하면, "너무 편하게 키워서 아이가 스포일되었다"고 평가한다. 마음의 방정식을 몰라서다.

처음 아기가 태어나면, 아기의 마음 상태는 잘 갈아서 보송보송한 흙이 가득 덮여 있는 질 좋은 밭고랑과 같다. 아직은 해 뜨기 전, 어둠이 짙게 깔려 무엇이 밭이고 무엇이 하늘인지 알 수 없는 그런 상태다. 곁에 있던 어른이 지평선을 살짝 열어 빛이 들게 한다. 말이 개입되면서 무의식과 의식이 나뉘고, 나와 너가 나뉘고, 좋은 것과 싫은 것이 나뉜다. 그 과정에서 어떤 싹은 뽑히고, 또 어떤 싹은 열매를 맺는다. 어떤 싹을 어떻게 뽑아낼 것인가. 그것이 '곁에 있는 어른'의 몫이다.

"와, 공부 잘하네."

우리 사회에서는 이 말을 기준으로 싹이 커 나가기도, 잘려 나가기도 한다. 너무 많은 아이들이, 이 칭찬을 들어 보려고 마음에서 일어나던 음악의 싹을 자르기도 했고, 미술의 싹을 자르기도 했다. 유일하게 남은 성적의 싹은 사실 그리 별 볼 일이 없었다. 물리나 역사, 문학이나 화학의 싹이 아니라 '공부'나 '성적'의 싹이었기 때문이다. 원래 알맹이가 약한 공부의 싹을 키우려면 다른 거름들이 필요했다. 성적이나 상금, 칭찬이나 상장, 그런 것들이 쭉정이를 채웠다. 쭉정이에게는 따돌림이나 질투, 경쟁심이 요구되기도 했다. 상처가 상처로 이어졌다.

마음은 밭이라, 사실 무엇이 자라건 절기에 따라 갈아엎을 수 있다. 갈아도 갈아도 또 그 안에서 생명이 자란다. 하지만 잘려 나간 싹들, 그 안의 상처들은 암 덩어리처럼 단단히 굳어져 대지의 하단을 채우기 시작한다. 돌처럼 굳은 상처들이 빼곡히 들어차면, 밭은 더 이상 공기를 품은 보슬보슬한 땅이 되지 못한다. 생명이 자라지 못하는 딱딱한 황무지가 된다. 갈려고 해도 갈아지지 않는다.

우리의 입시가 낳은 마음의 밭이 그러하다. 어린 시절을 농촌에

배움의 독립선언, 평생학습

서 지낸 사람들의 마음 밭이 좋은 이유는, 자연은 상처를 내지 않기 때문이다. 거름이나 쭉정이가 필요하지도 않기 때문이다. 스스로 포기하고 스스로 키워 나가는 힘을 갖춰 주기 때문이다. 자연 속에서는 실 하나 끊는 일도 쉽지 않다. 가위라는 철의 도구가 있으면 1초도 걸리지 않는 '단절'이 자연에서는 쉽지 않다. 그렇게 '단절 없음'이 자연의 특징이고, 그 자연을 닮은 것이 마음이다.

충분히 먹이고 입혀 주어야 인간은 두 발로 서고, 멀리 보고, 걸어갈 수 있게 된다. 마찬가지다. 충분히 사랑을 받고 나서야 인간의 자아는 바로 서고 미래를 보고, 앞으로 나아갈 수 있게 된다. '곁에 있는 어른'은 꼭 엄마가 아니어도 된다. 이 어른이 마음을 자연처럼 보살펴 주어야, 아이들의 마음은 무엇이든 자라는 풍성한 밭이 될 수 있다.

마음을 '무기'가 아닌 '무늬'로 바라보기

마음을 무기로 보면, 이런 생산과 창조의 관점을 잃어버리게 된다. 무기의 관점은 싸움의 논리를 불러오고, 마음에 서열화가 들어서고 나면, 다양한 친구들이 가지고 있는 공부 이외의 장점들이 눈에 들어오지 않는다. 미래 사회의 가장 중요한 역량이 '이질적 집단에서 상호작용하기'인데, 무기로는 '1등'을 위한 싸움 이외에는 할 수 없다. '동질적 집단에서 1등 하기'는 학기가 끝나면 사라지는 목표다. 그 목표는 평생에 걸친 마음의 성장과는 정반대에 놓여 있다.

평생학습은 마음이 평생에 걸쳐 펼쳐지는 삶의 무늬임을 강조한다. 어릴 적 마음의 평수가 결정되므로, 섣불리 경계를 지어서는 안 되지만, 척박한 곳이 필지로 정해졌다고 하더라도, 밭을 잘 일구고 가꿔 나가면 얼마든지 옥토가 될 수 있다. 학습은 경작의 과정이기 때문이다. 또한 평생학습은 과거의 나와 미래의 나를 연결시키는 고리다. '평생'의 관점에서 보면 학령기에 생긴 문제들은 미래의 자원으로 이어지는 것이고, '학습'의 관점에서 보면 실수나 고통은 배움을 위한 좋은 경험이다.

학습을 수동적이고 강제적인 것으로 받아들여서는 안 되는 이유가 여기 있다. 우리는 대부분 어릴 적 강요에 의해 어쩔 수 없이 해야 했던 암기나 시험, 경쟁이나 평가로 인해 학습이라는 말을 긍정적으로 생각하지 못한다. 이러한 학습 개념의 왜곡은 삶을 풍요롭게 하는 가장 핵심적인 메커니즘을 망가뜨리는 일이다. 다시 말하지만, 모든 실수와 고통은 그것이 매우 중요한 평생학습의 계기들을 이루기 때문에 가치롭고 의미 있는 것이다. 자기 자신과 타인에 대한 관용 역시 지속적인 배움의 과정 속에서 확장된다.

배움의 독립선언, 평생학습

마음을 보는 메타포를 무기로서가 아니라 밭으로 보는 것, 실수와 모험을 그 마음 밭을 확장하고 풍성하게 가꾸는 쟁기와 호미로 보는 것. 인생은 학습에 의해 격을 갖추고, 품을 높이는 것이다.

그러니 아이들의 삶에 관심을 갖되 개입하지 말자. 마음이 놀고 넘어지다 일어날 수 있도록 기다려 주자. 더불어, 우리가 그동안 가져 온 실수와 편협함에 대해 너그러워지자. 쉽지 않지만 방향은 분명하지 않은가. 오늘은 바위에 눌려 있던 내 마음의 들꽃을 잘 살펴보아야겠다.

배
움
이
라
는

성스러움

그녀들의
'보여짐'에 대한 단상

봄과 보임, I와 me 사이에서

나는 보는 사람일까, 보여지는 사람일까? 사실, 어법상으로는 '봄'
과 '보임'만 있을 뿐 '보여짐'은 이중 피동이라 정확한 어법에서 벗
어난다. 하지만 삶의 장면으로 들어와 보면, 나의 어쩔 수 없는 선
택으로 '보임'이 선택될 때 그 상황은 '봄'도 '보임'도 아닌, '보여짐'이
다. 평생학습은 삶에 대한 시각의 문제를 다루며, 이때 등장하는
질문은 능동이냐 수동이냐, 나아가서 강한 능동이냐 강한 수동
이냐가 된다. 학습자는 교육의 장면에서 대개 수동적이다. 교육의
과제는 이런 수동을 능동으로 전환하는 것일 텐데, 이것이 쉽지가
않다. 이미 수동의 틀에 들어앉아 있는 습성과 인식을 바꾸는 일

은 존재를 바꾸는 일만큼이나 어렵기 때문이다.

'보는 사람'과 '보이는 사람, 즉 보는 대상이 되는 사람'도 마찬가지다. 조지 허버트 미드(George Herbert Mead)가 말한 대로, 우리는 I와 me 간의 대화 속에서 정체성을 형성한다. 나를 구성하는 수동의 상태가 me라면, 그 me에게 말을 걸고, 때로는 야단치며, 또 때로는 위로의 손을 내밀어 기운 차리게 하는 능동적 I가 있다. 그러니 대개 I가 me보다 우월해 보인다.

하지만 따지고 보면, I를 이끄는 건 me다. I보다 me가 먼저 생겨나기 때문에 그렇다. '나'라는 존재(I)는 부모가 '나를(me)' 보살펴 주면서 시작된다. 부모의 I들이 나(me)를 만들고, 그 me를 I로 만들어 가며 부모의 I를 닮아 가는 것이 속칭 '자아'의 발달이기 때문이다. 그래서 부모가 아이를 대하는 것, 즉 me의 이미지가 내 정체성의 근본을 이룬다. 즉, I는 me에서 생겨난 것이다.

부모가 완전한 인격자라면 아마도 I와 me의 관계는 평온할 것이다. 평가를 받는 나도, 평가를 하는 나도, 공정하고 관용적일 수 있다. 하지만 대개는 그렇지 못하다. 부모 스스로의 문제에, 자녀에 대한 욕망까지 겹쳐진다. 그래서 me는 한없이 쭈그러들고, I는 한없이 가혹하다. I는 안하무인인데 me는 불안하기 그지없다. 평생학습은 이런 I-me-I의 관계를 새로운 루프로 만들어 개선해 가기 위한 노력과 다름없을지도 모른다. 그건 '보여짐'으로부터 '봄'으

배움의 독립선언, 평생학습

벨라스케스(Diego Velasquez)의 「시녀들(Las Meninas)」(1565)

로 나아가고, 그 보는 주체의 건강성을 회복하는 일이다.

이런 주체의 역동을 비유적으로 보여 주는 그림이 벨라스케스의 「시녀들(Las Meninas)」이다. 미술사학 이상으로 철학적 차원에서 유명한 벨라스케스의 이 그림은, 보는 것과 보여지는 것에 대해 전면적으로 생각하게 해 준다. 푸코는 벨라스케스의 이 그림을 『말과 사물』이라는 책의 서문에서 자세히 설명하면서, 그림이 재현하는 바가 무엇인지를 설명한다. 바로, '화가의 시선'이라는 것이다.

대개의 왕정 초상화와 달리, 벨라스케스의 '시녀들'은 왕과 왕비가 아니라 그 왕과 왕비를 바라보는 마르가리타 공주, 그리고 그 공주의 옆에서 시중을 들고 있는 시녀들을 그리고 있다. 모서리에는 화가의 모습도 살짝 드러난다. 즉, 초상화라면 당연히 다뤄야 할 왕가의 모습이 아니라, 그 주인공을 바라보는 주변인들을 소재로 삼고 있는 것이다. 온통 '주변인'으로 채워진 이 그림은, 나아가 왕과 왕비의 모습을 거울 속에 비친 희미한 모습으로 그림으로써, 늘 '주인공'이었던 국왕의 힘을 이면으로 완전히 밀어낸다.

유령처럼 희미하게 그려진 거울 속의 왕과 왕비. 그것을 그려내고 있는 벨라스케스. 중심이 되어야 할 중앙의, 아무 권력도 가지고 있지 않은 마르가리타 공주. 벨라스케스는 자신이 '보는 주체'이되, 정면에서 볼 수는 없는 주체임을 알고 있었고, 필리페 4세의 권력은 거울에 비친 환영임을, 그가 자신의 자화상과 함께 그

배움의 독립선언, 평생학습

릴 수 있는 동료들이란 공주를 둘러싼 허접한 시녀들임을 드러내 주고 있는 거다. 벨라스케스는 스스로 그림 안으로 뚜벅뚜벅 걸어 들어감으로써 투명한 타자로부터 불투명한 동일자로 이동하였고, 그 과정에서 자신이 어디까지를 드러낼 수 있는지를 실험했다. I-me-I의 역동 속에서, 화가의 정체성이 변동한 셈이다.

바라봄이 투사하는 힘

'본다'는 건 무엇일까? 세상으로 열린 감각 중에 가장 정보가 많은 기관, 가장 이성적인 감각기관은 눈이다. 일반적으로 우리는 받아들이는 정보 중 70% 이상을 시각을 통해 얻으며, 코와 귀, 혀와 피부가 '느낌'을 내세운다면 눈은 '분석'한다. 거리를 재고, 색을 분별하고, 형태를 틀 짓는다. 그래서 눈은 사실을 담는 그릇, 세상이 내면으로 들어오는 창으로 간주된다. 다툼이 있을 때, 한쪽이 이 말을 하면 그 다툼은 쉽게 종료된다. "내가 봤어!"

그런데 눈이 사실을 정확하게 보고, 본 것이 정확하게 기억되는 것은 아니다. 그 수많은 세상의 장면들 가운데 적합한 대상을 선택하는 것은 눈이다. 눈은 일종의 여과 장치로, 자신이 원하는 것을 본다. 사람이 얼마나 자의적으로 보는지는 '보이지 않는 고릴라'

라는 사이먼스(Daniel Simons)와 차브리스(Christopher Chabris)의 유명한 실험이 입증해 주고 있다. 농구팀의 흰옷 입은 선수의 패스 숫자에 집중하도록 하자, 반수의 학생이 중간에 고릴라가 나타나 가슴을 두드리고 사라진 '어이없는 사건'을 전혀 보지 못했던 것이다. '보고 싶은 것만' 보는 셈이다. 게다가 같이 보았다고 하더라도, 동일하게 기억하는 경우는 별로 없다. 타인과 기억이 다른 것은 우리가 늘 겪는 일이다. 즉, 제대로 보고 그것을 제대로 기억하는 것은 생각보다 일반적이지 않은 셈이다.

시각이 주체의 경험일 뿐이라는 사실은 생물학적 과정을 통해서도 확인할 수 있다. 눈의 수정체를 통해 망막에서 빛을 감지해서 시세포로 보내면, 시세포의 원추세포는 사물이 반사하는 빛의 파장을 받아들이고 분석해서 빛을 인식하고 시상으로 보내고, 시상에서 정보 처리가 끝나면 그 내용을 대뇌피질의 시각중추로 보낸다. 대뇌피질의 시각중추가 대상을 그려 내고 나서야 사람들은 대상을 보는 상태에 도달하게 되는 것이다. 즉 '시각'은 두뇌의 작업이지 눈의 작업이라고 보기 어려운 것이다. 동일한 길이의 선분이 화살표에 따라 다르게 보이고, 특정한 지점에 맹점이 있다는 사실은 우리가 보는 것이란 세상을 특정한 방식으로 수용하는 것일 뿐임을 말해 준다. '객관적으로 묘사될 수 있는 대상'이란 존재하지 않는 것이다.

배움의 독립선언, 평생학습

따지고 보면, 모든 감각은 근본적으로는 생존을 위한 것이다. 카멜레온이 주변의 색과 스스로를 일체화하는 것처럼, 애초에 우리는 살기 위해 세상을 보았을 것이다. 문제는 사회를 형성하고 안전이 보장되면서, 보는 것에 권력과 미와 질서와 통제가 담기기 시작했기 때문이다. 그저 보는 것이 아니라, '보는 자'와 '보여지는 자'의 구분은 생존과는 또 다른 권력의 작동을 의미하기 때문이다.

이런 점에 주목하여 푸코는 그의 책『감시와 처벌』에서 우리 사회에서의 통제를 '모든 행위를 바라볼 수 있는 원형 감옥과 같은 것'이라고 설명하였다. 체벌을 가하고 금지하는 것이 아니라, 감시자가 바라보는 것에 의해, 정확히는 바라본다는 것을 알게 함에 의해 아이들-죄수들-환자들이 스스로 복종하게 했다는 것이다. 이들은 매 순간 차근차근 작동하는 감시를 내면화했고, 누군가가 나를 보고 있을지도 모른다는 사실은 스스로를 상대의 규범에 맞춰 행동하게 했다. 응시와 통제는 동전의 양면으로 계속 '보여지는 자'를 규율의 사슬에 묶어 두게 하는 것이다.

'보여지는'이 아닌 '보는' 여성들의 투쟁

누가 보고 누가 보여지는가? 누가 강자이고 누가 약자인가? 50여

년의 세월을 돌아보면, 나의 경험에서 '약자'는 여성이었던 것 같다. 요즈음의 페미니스트들은 당차고 거침없이 자신을 드러내지만, 1990년대만 하더라도 여성은 남성에 의해 욕망되는 대상이 되어야 마땅했고, 그런 여성의 중심에는 '보여짐'이 있었다. 권력자인 남성에게 유혹적으로 보여지는 여성. 실제로 19세기까지의 회화 전통에서 그려진 여성들은 대부분이 부드럽고, 관능적이고, 수줍다. 르누아르가 그린 여성들에서 전형적으로 나타나듯이, 그들은 피아노를 치고, 꽃을 가꾸며, 나른한 빛 아래서 책을 읽는다. 우리에게 아주 익숙하다. 다음 그림도 그렇다.

오른쪽 위의 그림은 티치아노의 「우르비노의 비너스」이고, 아래 그림은 마네의 「올랭피아」다. 티치아노 작품은 일종의 누드의 양식으로 이후 상당히 많은 누드의 문법을 만들었다고 알려져 있는데, 안락한 침대에 기대어 누워 있는 이 여인은 남성들의 욕망을 자극하는 것으로 알려진 모든 자세-눈길, 손짓, 몸의 각도-를 취하고 있다.

마네의 「올랭피아」는 전혀 다르다. 유사한 누드인데도, 여성은 유혹하는/당하는 존재가 아니라 말을 거는 존재로 보인다. 일반적인 누드가 '보여지는 존재'임에 반해, 마네의 「올랭피아」에서는 관객을 보는 존재와 같은 당당함이 느껴진다. 주인공은 누군가가 보내온 꽃에도 무감하고, 옷을 벗은 상태에 대해서도 무심하다. 공

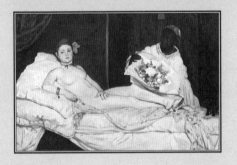

위: 티치아노(Tiziano Vecellio)의 「우르비노의 비너스(Venus of Urbino)」(1538)

아래: 에두아르 마네(Edouard Manet)의 「올랭피아(Olympia)」(1863)

손하지는 않지만 생각이 깊고, 옷을 걸치지 않았지만 에로틱하지도 않다.

'창녀'로 여겨지는 여성이 당당히 누드로 앉아 똑바로 관객을 보다니! 1865년 이 작품이 출품되었을 때, 귀족들의 거부감이나 비평가들의 비난은 예상된 것이었다. '보는 주체'로서의 여성이라는 전복적 선언이었으니 말이다.

그렇다면 정작 여성들은 어떨까? 여성들은 이런 그림에 대해 거부감을 느끼고, 남성과 달리 위의 올랭피아와 같은 자세에 더 편안함을 느끼는가? 그렇지는 않은 것 같다. 여성들도 남성들과 마찬가지로 '누드의 코드'에 익숙하다. 물론 대개의 남성들과 달리 대개의 여성들은 「우르비노의 비너스」는 여성을 신체로 환원시킨 것으로 느끼고 불편해한다. 그렇다고 당차고 명민한 「올랭피아」가 흡족하게 다가오는 것도 아니다. '보여짐'에 익숙해진다는 건 바로 이런 거다. 뻔히 여성 주체성에 부합하는 경우에도, 기존의 상식에 흠집을 내는 건 거부감이 든다. 결국 「올랭피아」는 거리감을 느끼게 하는 그림이 되는 것이다.

그렇다면 페미니스트들의 그림은 다르지 않을까? 우연히 스페인에서 보게 된 페미니스트 화가들의 전시회에 들어서면서, 나는 올랭피아 같은 당당함과 강렬함, 동시에 비너스와 같은 정서적 편안함의 결합을 기대했다. 2017년 12월 말라가의 피카소 미술관

배움의 독립선언, 평생학습

(Museo Picasso Málaga)에서 열린 〈우리는 완전히 자유롭다-여성 작가와 초현실주의〉라는 전시회에는 1850년경 초현실주의에 입문했던 18명의 여성 작가들의 작품이 소주제별로 묶여 전시되고 있었다. 소주제의 제목은 이러했다.

- 거울과 가면
- 이 세상 안의 다른 세상들
- 꿈을 통해 나는 나를 확인해요
- 에로스의 현기증
- 나는 타자다

소주제의 제목만으로도 전시의 특징이 드러난다. 여성 작가들의 작품은 남성 작가들과는 전혀 다른 주제 범주로 묶였다. 거울, 가면, 꿈, 현기증, 타자. 마치 의도한 것처럼, 전시는 여성들에게 익숙한 용어들로 이어지고 있었다. 그런 용어들로 묶여 작품들이 호소하는 것은 페미니스트의 해방감이 아니라 노력해도 빠져나갈 수 없는 악순환, 혹은 다른 사람이 되려 했지만 변화할 수 없었던 답답함이었다.

이 세상의 법칙에 맞춰 살아가는 것이 너무 힘겨워 머릿속에서 '다른 세상'을 만들어 내게 되고, 그렇게 바라던 사랑은 겪어 보니

달콤한 경험이 아니라 현기증 날 정도로 사람을 뒤흔드는 폭력 혹은 괴로움이었다. 이런 현실 속에서 결국 여성들은 꿈을 통해서만 자신을 확인하게 된다. 그래서 결국, '나'는 '나'가 아니라 '남'이 될 수밖에 없는 것. 이것이 여성들이 살아가는 현실을 작가가 그려낸 내용이다.

전시회의 표지이기도 한 토엔(Marie Cerminova Toyen)의 그림(오른쪽)은 이런 여성들의 상황을 적나라하게 드러낸다. 사형집행장과 유사한 공간에, 여성이 매달려 있다. 그것도 거꾸로. 머리에 씌워졌던 두건은 벗겨져 있고, 발은 이미 벽 속으로 스며들었다. 곡괭이를 들었던 사람은 자리에 없는데, 여성은 사라지고 있는 것이다. '초현실주의'라기에는 너무나 현실적인, 현실이라기에는 너무나 초현실적인 여성의 상황이 재현되고 있는 것이다. 그리고 그 제목은 '휴식'이다.

달리나 마그리트 같은 초현실주의의 '남성' 대가들은 현실을 재현하는 것을 거부하고 현실에 균열을 낸다. 그들의 그림은 조롱이나 놀이를 닮았다. 작품을 통해 현실을 파괴하는 것이다. 여성들에게서 초현실주의는 남성과 달리 더욱 근원적으로 자신의 경험에 기초하여 자기 인식을 하고, 심도 깊은 감정과 사고에 도달하여 정체성을 구성하는 과정으로 나아간다. 여성들은 무의식을 '자기 지식'을 얻는 수단으로 탐색해 들어가는데, 그것은 남성들이 일종의

배움의 독립선언, 평생학습

토옌(Toyen)의 「Reláche」(1943)

놀이로 작품을 대하는 것과 다르다. 세상과 그에 비친 여성성, 우울증이나 비극적 사건들에 비친 자신을 예술적으로 시각화하고자 하는 것이다. 거기에는 또한 젠더 관계를 변형시키고자 하는 노력도 담겨 있다. 따라서 이들의 작품은 자기 준거적이고, 그들의 느낌을 표현하고자 한다. 현실을 가지고 조롱하거나 넘어서는 것이 아니라 '내면의 현실'을 작품을 통해 표현하고자 하는 것이다.

한편으로 자신을 충실히 담아냈던 이들의 작품은, 남성 화가들과 동등하게 평가받지 못했다. '그녀들'은 화단에서의 주변적 위치로 밀려났고, 그렇게 해서 스스로 페미니스트가 되어 갔다. 피카소의 연인 도라 마르(Dora Maar), 유럽 화단을 풍미했던 막스 에른스트의 연인 레오노라 캐링턴(Leonora Carrington)과 같이, 차고 넘치는 능력에도 불구하고 유명인의 '뮤즈'로서만 주목받던 여성들은 현실에 대해 진저리치면서 페미니스트가 되어 갔다. 마르는 단호하게 피카소를 떠났고, 캐링턴은 '에른스트의 연인'으로만 묘사하는 언론에 일침을 가했다. 이들은 꿈과 현기증을 담아낼 수밖에 없었지만, 또한 새로운 현실을 만들어 갔던 것이다.

한 번도 보지 못했던 그림, 그리고 한 번도 듣지 못했던 작가들. 초현실주의 여성 작가들의 그림은 우리 사회에서 아주 멀다. 그러나 그들의 작품은 '여성'이라는 지점을 투과하며 '나의 경험'을 새로 보게 해 준다. 작품들의 분열성과 어두움을 내 안에서 발견하면서, 여성의 작품은 남성의 작품과 다른 방식으로 소통된다는 것을 깨닫는다. 여성들은 자신의 경험을 '공유'하지만, 남성 작가들의 작품은 소리 높여 '독백'한다. 여성은 '보여지는 대상'으로 스스로를 구성하면서 살아왔기 때문에 작품 안에는 피동적 존재의 슬픔이 있고, 그래서 작품은 경험의 공유를 위한 일종의 '손 내밈'이다. 그래서 여성들에게는 '보여지는'이 아닌, '보는' 주체로 나서는 일 자체가 도전이다.

보여짐을 넘어서기 위한 학습투쟁

그렇다. 남성과 달리, 여성은 거의 대부분 '보여지는 존재'로 살아왔고, 따라서 '보는' 주체가 되려면, '보여지는 존재'라는 그동안의 삶의 방식에서 벗어나야 한다. 엄밀히 말하자면, 이건 꼭 남성-여성이라는 젠더 문제만으로 국한해서 적용되는 것은 아니다. 누군가가 나를 어떻게 바라보는지, 그 '보여짐'에 신경을 쓰다 보면, 자신의 욕구나 자신감은 뒤로 물러나게 된다.

'내가 나를 구성'하는 것이 아니라 '내가 나를 타자에게 맡기는' 방식으로 타인의 개입을 허용하는 것이다. 나는 이것이 좋지만, 타인이 저것이 좋다고 하면 저것을 받아들이는 것. 타인이 옳다고

하는 것을 스스로 집행하는 것. 이렇게 해서 '내 안에 내가 너무도 많아'지게 되는 것이고, 여러 자아들은 갈등하게 된다.

이런 분열적인 자아관 속에서 나는 나를 비난하게 된다. 손을 대면 곧 변형될 것 같은 엷은 존재감, 사납고 동시에 매우 여린 상반된 정체감, 듣는 귀로 수렴되는 통제적 자아감. 그래서 결국 자아 경계가 흐려진 그런 상태로 살게 되는 것. 이런 것들이 여성 화가들이 겪었던, 그리고 지금까지도 대개의 여성들이 겪는 어려움이다. 미투의 피해자들이 성폭력의 순간 저항하지 못했던 건 권력의 목소리가 희미한 여성의 자아 경계를 뚫고 너무나 쉽게 침입해 들어왔기 때문이다. 그리고 그 목소리는 피해 여성의 자아에게 말한다. "위로가 되었잖아. 그러면 된 거야. 자, 힘들어도 참자."

평생학습은 힘들면 힘들다고 말하자는 단순한 제안이다. 만약 딱딱한 권력이 부드러운 생명을 침해하려 한다면 강력하게 대응할 수 있도록 배우고 익히자는 주장이다. 우리가 우리 삶의 주인공으로, 사회의 주체로 살아가기 위한 첫 단추인 거다. 스스로 얽매인 I-me-I의 연쇄를 끊어 내고 또 새롭게 연결해 나가려면, 무엇인가 다른 힘이 생겨나야 한다. 그것이 학습이다. 사실 말은 쉽지만 시작은 쉽지 않다. 자신의 정체성을 정면에서 보고, 그 정체성을 겹겹이 싸고 있는 억압적 구조의 장막을 걷어 내는 과정이기 때문이다.

여성들에게 그것은 더욱 어려울 수 있다. 이미 습성이 되어 있는 '보여지는 나'를 걷어 내야 하기 때문이다. '보여지는 나'는 때로는 뮤즈로, 때로는 나르시시즘으로 장막을 친다. '생산'해 내려면 자아 밖으로 나서야 하는데, 그 자체로 온전체인 뮤즈나, 자기애에 빠진 나르시시즘은 이를 불가능하게 한다. 남성의 시선, 권력의 시선은, 여기에 성 상품화를 얹어, 여성 주체를 주저앉힌다. 그래서 한 발짝 나가기 위한 과제는, 보여지는 것과 보는 것의 경계를 넘나들고, 보여지는 것에 대한 집착을 줄이는 것이다. 평생학습은 결국, 시도해 보지 않았던 경계 넘기, 그리고 무시했던 내면의 목소리와 욕구를 가만히 듣는 일이다.

페미고지
엿보기

여성의 조건, 이중구속

미투(me too)운동이 처음 시작되던 무렵, 한 남자 선배가 물었다.

> "지금 정도면 정말 여성들이 누릴 거 다 누리고, 남자들보다 더
> 잘나가고 그런 거 아닌가? 왜 이렇게까지 사생활을 건드리고 공
> 격적으로 하는 거야?"

많은 남성들이 사실 속으로는 생각하고 있을 불만이었다. 페미
니스트들의 폭풍 댓글을 피하기 위해 지금은 입을 닫고 있지만 말
이다. 아들을 가진 주변의 엄마들 역시 비슷한 푸념을 한다. 젊은

세대는 여성이 훨씬 우월하고, 성질이 드세니, 그런 여친들 혹은 부인들 등쌀에 아들들이 기죽어 산다는 거다. 이런 주장은 근거가 있다. 2015년 통계를 보면, 대학진학률은 여성이 74.5%로 남성 67.4%보다 높고, 공무원 가운데 여성 비율은 42.8%로 거의 반에 육박하며, 공무원 5급 이상 합격자 수는 46%, 외무고시는 59%를 기록하고 있다. 적어도 2000년 이후로, 여성의 능력은 남성보다 우월했으면 우월했지, 뒤떨어진다고 볼 수가 없는 것이다.

하지만 아무리 공부를 잘해도 취업시장에는 성차별이 여전하고, 임신과 출산은 여전히 여성들의 직업적 눈높이를 낮추게 한다. 최종면접에서는 어김없이 순위가 한참 뒤인 남성 지원자가 상위권의 여성 지원자를 제치고 승자가 되며, 구조조정의 우선순위는 일고의 여지 없이 여성이다. 여성은 밤거리를 걸을 때 공포를 느끼지 않을 수 없고, 데이트를 할 때도 남친을 예민하게 관찰해야 한다. 느닷없이 들이닥치는 폭력 때문이다.

평생학습의 관점에서 보면, 매일매일의 생활에서 작동하는 '젠더에 따른 차별'이 여성들에게 스며들어 출중한 여성들조차 위축시키는 것이다. 여성들은 '잘해야 하지만 너무 잘하면 시집 못 간다'는 오래된 이중구속(double bind)에 시달리며 자란다. 이중구속이란 하나의 메시지를 주면서 그와 반대되는 제스처를 취하는 것을 말한다. 지시를 받는 사람은 지시대로 해야 할지, 그 아래 깔려 있는 의도를 따라야 할지 망설이게 된다. 이도 저도 할 수 없는 딜레마 상황에 처하게 되는 것이다. 결국 여성들은, 누군가의 그림자, 누군가의 후원자가 되기로 스스로의 도달지점을 낮춰 잡게 된다. 암암리에 익히게 되는 습관들, 사소한 상식들이 차별을 유지시키는 바탕이 된다.

페미고지, 삶의 주인 되기

페미니스트 페다고지, 속칭 '페미고지(femigogy)'는 그런 차별의 기반을 밝히고, 차별에 맞서기 위한 방법론을 찾아가는 '여성 중심의 교수법'이다. 페미고지에 따르면, 여성들이 자기 삶의 주인이 되기 위해 선택했던 방법은 대략 세 가지 정도였던 것 같다.

첫 번째는 여성이 얼마나 체계적으로 억압되어 왔는지를 밝히는 일이다. 여성에 대한 차별은 기본적으로 '배제'의 방식을 취해 왔다. 대표적으로, 학교의 교과서와 같은 '공식적 지식'을 보면, 아주 오랜 기간, 여성이 배제되어 왔음을 알 수 있다. 다음 그림을 보자.

오랜 기간, 교과서에 실렸던 오른쪽 그림의 제목은 「인류의 발달」이다. 진화론적 관점을 보여 주는 익숙한 그림이다. 하지만 젠

「인류의 발달」

더의 렌즈로 보면, 이 그림은 여성이 배제된 반쪽의 인류를 재현한 성차별적 교사다. 그런데 수십 년간 누구도 이에 대해 문제제기하지 않았다. 잘못된 그림이라고 느껴지지 않았기 때문이다. 이렇게 남성=인류의 일반화된 등식에 '여성'을 끼워 넣는 일은 생각보다 어렵다. 사고의 프레임 자체에서 여성이 배제되기 때문이다. 여성은 빠지는 것이, 보이지 않는 것이 자연스럽다.

물리학에서 경제학, 철학에서 사회학에 이르기까지, 학문이나 지식의 주체는 남성이었다. 여성은 보이지 않는 비가시적 존재로서, 여성학에 이르러서야 그 존재가 드러나기 시작했다. 의학적 지식만 보더라도 19세기까지 어떻게 임신이 이루어지는지에 대한 지식은 전혀 없었고, 자궁은 히스테리의 원인으로 지목되어 히스테리를 없애고자 적출되기도 했다. 엄청난 희생과 투쟁 위에서야 비로소, 여성은 '목소리'를 획득할 수 있었던 것이다.

무엇을 '자연스럽다'고 생각하게 되는가? 지식은 어떻게 형성되고 어떤 프레임 속에서 다음 세대로 전수되는가? 여성의 시각으로 지식과 교육을 예민하게 볼 때에야 소외된 학습자들의 권리에 대한 자각이 가능하다. 새로운 지식과 새로운 교육은 기존 지식의 전제에 대해 근본적인 비판을 가하는 데서 시작될 수 있는 것이다.

두 번째는 '나'에게서 시작되는 '공통의 경험'을 찾아내는 일이다. 무엇인가를 '배운다'는 것은 외부의 지적 권위에 복종하는 일

배움의 독립선언, 평생학습

이다. 그것이 강고하고 이미 짜여 있는 설명틀을 가지고 있다면, 그 과정을 거부하는 것은 엄청난 부담이다. 하지만 일단 시각을 '나'로 돌리면, 생각보다 지식의 생산은 어렵지 않다. 페미고지는 '내가 겪은 경험'에서 출발한다. 여성들이 드러내 놓고 이야기하지 못했던 소소한 이야기들, 가정과 성에 관련된 경험들, 그에 담긴 감정들을 드러내는 과정을 통해 학습자들은 공동의 지식을 구성해 나간다.

이 과정은 쉽지 않다. 사회심리학 실험들을 보면, 명백하게 A선분보다 B선분이 길어도, 모든 사람이 A선분이 길다고 하면 마지막에 앉은 피험자는 A선분이 길다고 말한다. 눈에 보이는 경우에도 이러하기 때문에 '나의 주관적 경험'을 이견으로 제시하기는 쉽지 않은 것이다. 다원적 무지(pluralistic ignorance)라는 개념도 있다. 이 개념은 자신의 의견이 소수일 것이라고 생각해서 그 의견을 표명하지 않으면 그것이 다수의 의견임이 은폐되고 마는 현상을 말한다. '나는 다르다'라고 말하는 것은 알고 보면 다수의 입장일 수도 있는 것이다. 페미고지에서 말하는 '주관적이고 공통적인 젠더 억압의 경험'을 나누는 과정이야말로 소외된 집단이 자기 목소리를 만들어 가는 길이며, 새로운 배움이 형성되는 과정이다. '나는 모른다'가 아니라 '나는 안다'에서 출발해야 한다는 것이다.

세 번째는 수업의 장면이 충분히 감성적이 되어야 한다는 것이다. 페미고지의 경험은 여성들이 수업에서 '힘을 얻기(empowering)' 위해서는 수업의 분위기가 충분히 수용적이고, 안전해야 한다는 것을 알려 준다. 어떤 말을 해도 비난받지 않으며, 개인의 입장이 존중된다는 믿음이 있어야 한다는 것이다. 이성적이고 논리적인 토론이 아니라, 자기를 개방하고 감성적인 대화를 통해서만, 여성들은 지식의 생산자로 거듭나게 된다. 사실은 그래서 어렵다. 일반적인 교육의 장면에서 여성들은 습관적으로 자신의 감정을 무시하거나 억제하며, 가르침에 순응한다. 그 결과는 '더 배워야만 하는 학습자'의 탄생이다. 권위주의적이고 전달 암기식의 교육을 벗어나기 위해서는, 학습자들이 자신을 마음껏 드러낼 수 있는 수용적인 공간이 만들어져야 한다. 수업은 지식이 아니라 감정이 오가는 과정이 되어야 한다는 것이다.

마음을 돌보는 교육

어떤 교육이 좋은 교육일까? 페미니스트 페다고지는 그 방향이 '마음 중심의 교육학'으로 모아져야 한다고 주장한다. 그것은 지식의 전달이 아니라 공감과 보살핌이 중심이 되는 교육이며, 상처받기 쉬움을 수용하고, 교사와 학습자의 유사성에 기초한 연결의 순간을 찾아내는 일이 강조되는 교육학이다. 남성의 우위를 여성의 우위로 바꾸기 위한 교수법이 아니라, 관행화된 남-여성의 위계를 평등으로 바꿔 내기 위한 교육학이다.

학습자 중심 교육의 첫 번째 질문은 '누가 학습자로서 이 수업에 들어오는가?'임에도 불구하고, 우리는 오랫동안 '여성'인 학습자에 주목하지 않았던 것 같다. 페미니스트 페다고지는 여성 학습자들이 젠더화된 문화 속에서 겪는 어려움을 드러내며, 그 극복의 전략을 제안한다. 그것은 다른 소외 집단에도 공히 적용 가능한 전략들이다. 지금부터라도, 교실에서 계속 생겨나고 부딪히며 재형성되는 문화의 역동에 좀 더 주의를 기울여야 할 것 같다.

사랑도
배우나요?

사랑의 세 꼭짓점

조금 친한, 그러나 부부관계가 썩 좋지는 않은 친구에게 반드시 권하는 책이 있다. 알랭 드 보통(Alain de Botton)의 『인생학교: 섹스』 편이다. 책을 읽은 친구들은 잘 읽었다며 특히 아래 구절을 메신 저로 보내온다.

> 결혼생활은 침대 시트와 비슷하다. 아무리 애를 써도 귀퉁이가
> 반듯하게 펴지지 않는다. 한쪽을 바르게 펴 놓으면, 다른 한쪽
> 이 더 구겨지거나 흐트러지고 만다. 그러므로 완벽을 추구하면
> 곤란하다.

배움의 독립선언, 평생학습

알랭 드 보통이 '에로스-로맨스-결혼'이라고 정리한 결혼의 귀퉁이들은 심리학자 스턴버그(Robert Sternberg)의 '사랑의 삼각형'과 유사하다. 스턴버그는 '열정-친밀-헌신'을 사랑의 삼각형을 이루는 세 꼭짓점에 배치한다. 온몸이 달뜨는 에로틱한 관계를 추구하는 관계는 열정적이기는 하지만 금방 식는다. 친밀감과 속삭임의 로맨틱한 관계는 즐거움을 주지만 최종적으로 자기중심적이다. 헌신의 관계는 감사하긴 하지만 마음을 움직이지는 못한다.

알랭 드 보통이 말하듯, 세 꼭짓점을 안정감 있게 유지하는 것은 불가능하다. 헌신적인 파트너는 편안하지만 '밀당'의 열정을 불러일으키기 어렵고, 친밀한 관계는 친구 같은 소소한 즐거움이 있지만 헌신적 관계로 나아가긴 어렵다. 세 요소를 다 갖추기 위해 노력하는 것보다, 자신의 관계가 어느 유형이건, 유형마다 장단점이 있음을 인정하는 것이 더 중요한 것이다. 에로틱이 과하면 열정적인 하룻밤의 사랑이 되고, 로맨틱이 과하면 우정과 같은 자기중심적 사랑이 되며, 헌신이 과하면 일만 해 대는 공허한 사랑이 된다. 그러니 이상적인 결혼은 헌신을 기반으로 하되 로맨틱이 적절히 섞인 에로틱을 추억하는 관계 정도가 되겠다.

상당수의 청년들은 결혼을 연애의 연장으로 생각하다가 뒤늦게 이것이 착각임을 깨닫는다. 결혼 준비 교육이 필요한 이유다. 결혼이 위의 세 꼭짓점 간의 긴장 상태로, 항상 한쪽 귀퉁이의 시트

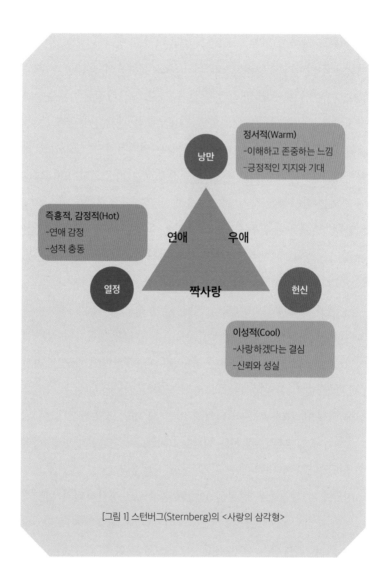

정서적(Warm)
-이해하고 존중하는 느낌
-긍정적인 지지와 기대

즉흥적, 감정적(Hot)
-연애 감정
-성적 충동

낭만

연애   우애

열정   짝사랑   헌신

이성적(Cool)
-사랑하겠다는 결심
-신뢰와 성실

[그림 1] 스턴버그(Sternberg)의 <사랑의 삼각형>

배움의 독립선언, 평생학습

는 구겨져 올라와 있음을 받아들인다고 해 보자. 남편에게 로맨틱하지 않다고 불평하던 아내는 그의 헌신에 약간은 누그러질 수 있고, 아내에게 연애 감정이 사라졌다고 투덜대던 남편은 든든한 동반자적인 태도에 감사할 수 있다.

우리에게 새겨진 '애착'

일부일처제는 로맨틱과 에로틱, 그리고 헌신의 세 요소가 잘 결합되어야 성공적으로 운영될 수 있다. 역사적으로 보더라도 결혼은 이 요소들을 두루 거치면서 발전해 왔다. 12세기 프랑스 프로방스의 음유시인들은 로맨틱의 대가였다. 그들은 낭만적 사랑의 전문가로 절절한 감정을 문학적으로 표현해서 여성들의 심금을 울렸다. 18세기 초 파리의 자유사상가들은 낭만보다 성애에 탐닉, 열정적 사랑의 최고봉이라 할 만했다. 이들은 대부분 경제적으로 넉넉하여 성적으로 방탕해도 생활에 부족함이 없었다. 우리가 당연하다고 여기는 '이상적인 사랑'은, 이 둘의 결합의 결과 탄생한 이미지다. 19세기 부르주아가 득세하면서 부부가 모든 가치의 중심이 되면서 '특정한 사랑관'이 생겨났고, 일부일처제의 윤리관은 그 결과 생겨나게 되었다. 그것은 에로틱하고 로맨틱하며 헌신적으로 가정을 꾸릴 파트너에 대한 믿음을 탄생시켰다. 결혼은 사랑의 정점으로, 인생의 목적처럼 대두된 것이다.

이상적인 사랑과 그것을 기반으로 한 결혼은 지극히 역사적이며 분명한 한계가 있다. 배우자의 선택에 대한 논의는 여기서 한 발짝 더 나아간다. 그나마 삼각형을 잘 유지할 상대를 이성적으로 찾지 못한다는 결론에 도달하기 때문이다. 내가 무의식적으로 끌리는 배우자상은 나를 보완해서 행복한 결혼 생활을 영위할 수 있도록 하는 그런 상대가 아니다. 나의 '부모와의 관계'를 반영하여, 오히려 나를 괴롭히고 힘들게 만들 수 있는 상대라는 말이다. 내가 선택하는 배우자는, 놀랍게도 부모와 닮았거나 혹은 반대다.

정말 싫다고 이혼하고 나서도, 재혼 파트너로 선택하는 사람은 첫 번째 배우자와 상당히 비슷하다. 왜 그런가? 무의식적으로 부모와의 관계를 재현하기 때문이다. 성인이 되고 나서도, 우리의 내면에는 2세 무렵에 겪었던 부모로 인해 생겨난 '애착' 관계가 분명한 구조로 남아 있다.

심리학자 볼비(John Bowlby)는 엄마 혹은 1차 양육자와의 거리를 갖게 되면서 생기는 유아들의 애착 유형을 구분했다. 오랜 시간 엄마가 집을 비웠을 때, 유아들은 서로 다른 반응을 보이더라는 것이다. 엄마와 안정적으로 애착관계를 갖는 아기들은 엄마가 떠나면 울고 돌아오면 반갑게 맞는다. 상식적인 태도를 보이는 이런

배움의 독립선언, 평생학습

안전애착 유형은, 이후 타인과의 거리를 적절히 유지하면서 자아를 성장시킨다.

반면에 불안정하게 애착관계를 형성한 아이들은 엄마가 없다고 여기고 마음의 장벽을 쌓거나, 왜 엄마는 안 오는 거냐며 울분 속에서 상처를 갖게 된다. 엄마가 돌아와도 본척만척하거나, 엄마가 돌아왔을 때 오히려 화를 내며 엄마를 때린다는 거다. 볼비는 이렇게 회피하거나 저항하는 태도를 보이는 유형을 회피애착, 저항애착 유형이라 명명했다. 때로는 이 두 양상을 모두 보여 주는 혼미애착이 나타나기도 한다.

볼비는 이런 유형이 성인의 관계 맺음에도 그대로 나타난다고 보았다. 어릴 때 형성된 엄마에 대한 태도는 연애 대상에게 그대로 반영된다. 즉, 애착 유형의 성인 버전은 연애에 대한 태도를 유형화한다. 안전애착은 표의 [유형 1], 회피애착은 [유형 2], 저항애착은 [유형 3], 혼미애착은 [유형 4]에 해당된다.

사랑은 자신의 모든 에너지를 상대에 쏟아붓는 경험이다. 어릴 적 엄마는 자신의 생존을 책임지는 절대적 존재다. 그 정도의 중요성을 갖는 관계가 사랑의 상대다. 그래서 어릴 때의 관계가 재현되며, 이 관계를 잘 만들어 가느냐 그러지 못하냐에 따라 이후 삶의 근거가 달라진다. 예컨대 회피애착을 경험했던 사람이라도, 파트너와의 만남 속에서 자신이 관계의 중요성을 무시하고 자신

		자아의 이미지	
		긍정적	부정적
타인에 대한 관점	긍정적	[유형 1] 안정적인 태도 안전한 애착 경험 -건강한 애착의 균형과 자율성 -타인과의 적절한 거리감을 유지함 -자유와 낮은 불안감 -낮은 회피	[유형 2] 상대에 대해 집착하는 태도 저항적인 애착 경험 -인간으로서 가치 있다고 느껴지기 위해 사랑을 갈구 -버려질 것을 걱정함 -불안과 위험을 표현 -높은 불안, 낮은 회피
	부정적	[유형 3] 상대를 무시하는 태도 회피하는 애착 경험 -감정을 닫음 -친밀감을 회피함으로써 상처로부터 방어 -관계의 중요성을 무시 -자기 의존적 -낮은 불안, 높은 회피	[유형 4] 관계를 두려워하는 태도 조직화되지 못한 경험 -관계를 필요로 하지만, 스스로의 가치와 친밀감에 대해 의구심 -애착욕구를 충족시키는 전략 부족 -높은 불안, 높은 회피

[표 2] 볼비의 네 가지 애착 유형(Bowlby, 1969)

의 동굴 안에 틀어박히자 하는 마음의 구조를 가지고 있음을 알게 되면, 새로운 관계를 맺어 갈 수 있다는 것이다.

애착 유형 분류에 따르면, 일반적으로 여성은 '자신에 대해 부정적이지만 타인에 대해 긍정적인' [유형 2]의 관점을 갖는 경향이 있다. 가부장제 사회에서 딸은 아들보다 존중받지 못하기 때문에

배움의 독립선언, 평생학습

도 그럴 수 있고, 자기보다는 남을 배려하라는 이야기를 많이 듣고 자라서일 수도 있다. 어떤 경우이건, 자신보다 남을 더 긍정적으로 보는 시각은 여성적 정체성에 더 잘 맞는다. 따라서 연애관계에 들어선 여성들은 남자친구가 어떤 상태에 있는지, 어떤 관심을 가지고 있는지에 촉각을 곤두세우는 경우가 많다.

이에 비해 남성들은 [유형 3]의 회피애착인 경우가 많다. 남성들은 자신의 성취와 독립이 자존감의 근거일 때가 많다. 자기 능력에 따라 자신에 대한 평가가 달라진다고 생각한다. 따라서 자기에게 집중하고 타인이 다가올까 봐 두려워하며, 방어적인 경향이 있다. '나에 대해서는 긍정적이지만 타인에 대해서는 부정적'인 태도가 생겨나는 것이다. 그러므로 모든 정보를 여자친구에게 알려야 한다면, 그건 일종의 사생활 침해라고 느낀다.

연애 초반에 여성은 남성의 든든함에 의지하고, 남성은 여성이 챙겨 주는 것에 감사한다. [유형 2]와 [유형 3]이 서로에게 끌리는 방식으로 작동하게 되는 것이다. 하지만 시간이 지나면 관계는 달라진다. 여성은 '나에게 관심을 보여 달라'라며 집착하고, 남성은 '나를 피곤하게 하지 말라'라고 심리적인 도주를 한다. 한번 원심력이 작용하면 심리적 이완은 극단이 된다.

볼비 이론의 연장선상에서, 수 존슨(Sue Johnson) 등은 미국인의 58%가 '안전한' 유형, 19%가 '집착하는' 유형, 23%가 '묵살하는' 유형에 속한다고 분류하였다(Johnson, 1988). 18%는 해결되지 않은 상처나 트라우마가 있어서 '두려워하는' 혼미애착 유형에 해당하는 것으로 나타났다. 다섯 명에 한 명꼴은 심각한 소통상의 어려움이 예상되고, 두 명에 한 명은 안정적인 관계를 맺기 어려운 애착 유형을 가지고 있다는 것이다.

안전애착 유형은 그들의 현재 사랑 관계에서 신뢰, 긍정적인 감정들을 경험한다. 그들의 관계는 불안정한 애착 유형의 사람들보다 더 오래 지속한다. 당연하다. 상대방을 별로 의심하지 않고, 좋지 않은 사건이 일어나도, 있는 그대로 받아들이기 때문이다. 과도하게 남 탓을 하거나 반대로 괜한 죄책감에 시달리지 않는다. 결혼한 부부의 경우에도 안전한 애착 유형은 자신들 관계에서의 문제에 관해 논의할 때, 그들의 감정과 생각을 차분히 공유한다. 반면에 회피적인 유형의 성인들은 자신의 감정표현을 숨기고, 솔직한 감정을 드러내려 하지 않는다. 저항적 유형은 상대방에게 정답을 말하라고 강요한다. 한번 요철이 어긋나면, 싸움은 끝도 없이 반복되게 되어 있다.

사랑을 위한 학습

자, 이제 다시 '나'를 보자. 내 안에는 이미 형성된 안정된 혹은 불안정한 애착의 자아가 분명하게 자리 잡고 있고, 사랑은 온전히 그 애착 위에 얹혀 있다. 환영이 아니라 오래된 상처의 복원이다. 마음이 이러하니, 재혼해도 초혼과 비슷한 파트너를 만나는 것이 당연하지 않은가? 놀랍게도, 매 맞는 아내는 때리는 남편의 폭력을 무의식적 수준에서 '관심의 표명'으로 받아들이는 경우도 있고, 무관심보다 폭력과 폭력 이후의 애정을 원하기도 한다. 인간이란, 심리적 학대 속에서 오히려 안정감을 느끼는 존재가 될 수도 있는 것이다.

불행하게도, 가장 중요한 '나'에 대한, '나의 내면'에 대한 지식을, 우리는 학교에서 배우지 못했다. 학교에서의 지식에는 '나'에 대한 이해가 없다. 내가 나를 이해하지 못하면 타인에 대해 관용을 가지기는 쉽지 않다. 내가 억울하니, 타인의 억울함을 받아들일 마음의 공간이 없기 때문이다. 내가 나를 인정하고 존중해야, 내 마음에 남도 들어설 수 있다. 시험-암기로 이어지는 수업 속에서는 마음의 공간은 폐쇄된다.

사랑은 동서고금을 막론하고 세상에서 가장 중요한 가치다. 오죽하면 고린도서에서 '믿음 소망 사랑, 그중 제일은 사랑'이라 했겠는가. 사랑은 사람이 온전히 받아들여지는 체험이며, 그래서 살아가는 근본 힘이기 때문이다. 사랑은 성인이 되어 다시 엄마 품을 얻는 일이다. 사회가 각박하면 할수록, 엄마 품 같은 따뜻하고 평안하며 일체감을 주는 관계를 맺는 일은 더 중요해진다. 그러나 그런 관계는 소중한 만큼, 자신에 대한 인식이 없을 경우 치명적이다. 헤어지자는 애인을 죽일 만큼 치명적이다. 그러니 지금 내가 추구하는 사랑이 어떤 것인지, 내가 어떤 애착의 강을 건너왔는지를 알아보는 것은 무엇보다도 중요하다. 그걸 알아야, 사랑을 잘할 수 있고, 적당히 펼쳐진 침대 시트 속에서 편히 잘 수 있다.

사랑을 불꽃 튀는 것이라고, 어느 날 불쑥 찾아오는 것이라고 믿을수록, 우리의 관계는 어그러지고, 우리의 내면은 피폐해질 것이다. 사랑은 자기 삶의 환영이며, 그럼에도 불구하고 충만감의 경험임을 받아들일수록, 자기 소통 방식과 애착의 유형을 탐색하고 찾아갈수록, 우리의 삶은 풍요로워질 것이다. 우리 행복을 위한 평생학습 1순위, 그건 사랑에 대한 학습이다.

늙어서도
배우라고?

아름답게 늙어 갈 수 있을까

인생의 여정을 보는 관점에는 두 가지가 있다. 하나는 인생이 시간축을 따라 포물선이 그려진다고 보면서, 삶의 중반을 인생의 정점으로 보는 견해이다. 노년기는 모든 것을 끝내고 사그라드는 시기로, 밤이나 겨울로 표상된다. 노년은 죽음에 맞닿아 있거나, 혹은 죽음보다 끔찍한 사건이다. 이 견해에 따르면, 삶의 반대는 죽음이 아니라 늙음이다.

  다른 하나는 인생의 절정이 노년에 있다고 보는 견해이다. 인생의 의미는 차곡차곡 쌓이다가 노년기에 절정에 달하며, 인간은 성숙에 도달한 후 삶을 떠난다는 것이다. 소멸 직전에 열매를 떨구듯이, 인간도 죽음 직전 노년에 가장 완성된 삶을 산다는 입장이다. 노인은 영적으로 성숙한 존재이며, 아량과 후의를 가진다. 말하자면 '지혜로운 노인'은 선량한 동시에 권력과 지식의 정점에 있다.

이 두 입장을 대변하는 인용문 몇 개를 보자.

다른 즐거움들-육체적 삶의 즐거움들-이 약화되면서 정신적인 것들에 대한 나의 욕구와 기쁨은 점점 더 증가하도다. … 노년은… 우리 마음속에 무한한 평화와 해방감을 불러일으킨다.
-플라톤

육체가 발생 순서상 영혼에 앞서듯, 비이성적인 것이 이성적인 것에 선행한다. 분노, 희망, 욕망은 출생 직후부터 나타나지만, 이성과 이해는 나이가 들면서 발달한다. -아리스토텔레스

몸은 키가 자라면서 크는 반면, 영혼은 오만함을 잃으면서 커간다. -리스티앙 보뱅

백발은 영예의 관이다. 정의로 가는 길에서 우리는 그 관을 발견한다. -고대 그리스 격언

기계의 수명이 아주 짧은, 급변하는 세계 속에서는 인간도 너무 오랫동안 쓰여서는 안 된다. 55세를 넘은 모든 인간은 폐물 처리해 버려야 한다. -케임브리지 대학의 인류학자 에드먼드 리치

젊음은 온갖 새들이 깃들여 노래하는 꽃핀 아름다운 숲과 같다. 반면 노년은 파리 떼들이 덤벼들어 귀를 물어뜯는 말라빠진 개와 같다. -루잔테의 〈피오바나〉

　노인은 추하고 자기 집착이 강하며 이기적이기도 하지만, 성스럽고 지혜로우며 관용적인 존재이기도 하다. 위의 인용구들이 말해 주는 바는, 젊음은 선물처럼 주어지는 것이지만, 노인이 아름답기 위해서는 애써 노력해야 한다는 것이다. 젊음이 육체라면 늙음은 영혼이다. 육체의 욕망을 잘 다스리며 정신적 성장을 이룬 노인은 멋지게 나이 들 수 있지만, 이는 그리 쉽지 않다는 것이다.

노인에 대한 섣부른 상식

그러면 어떤 사람이 괴팍한 노인이 되며, 어떤 사람이 멋진 노인이 되는가? 답은 평생학습에 있다. 『가장 뛰어난 중년의 뇌』 혹은 『인

생의 재발견』과 같은 심리학자의 책을 보면, 새로운 신경회로는 나이 들어서도 형성될 수 있으며, 뇌세포도 평생 만들어진다는 사실을 밝히고 있다. '미국과학아카데미'에서도 노화가 인간의 뇌에 미치는 결과를 연구해서, 이미 1992년에 노화에 대한 관념이 노화 자체를 바꾼다는 사실을 입증하였다.

문제는 섣부른 예상이다. 대부분의 사람들이 나이가 들면 당연히 집중력과 기억력이 저하된다고 예상하고 있고, 그런 예측이 '실제' 급격한 기억력 감퇴로 이어진다. 미리 설정된 '예상되는 바'로 인해 포기하고, 체념하며, 도전을 회피하거나, 반대로 강박적으로 과도하게 기억하려고 노력한다. 자의식을 무너뜨리는 노인 차별의 95%는 '능력 저하라는 사회적 상식'과 연결되어 있다.

폴 발테스(P. B. Baltes)는 연구 결과 70대가 되더라도 능력의 일부만 약화됨을 밝혔고, 어휘력은 동일하거나 증가함을 밝혔다. 물론 중요도 정보 식별이나 감각 퇴화 등은 일어난다. 그렇지만 더 중요한 것은 개인차가 크다는 점이다. 노화를 '개별적' 상황으로 보고 배워 나가는 것이 매우 중요하다는 것이다. 노년에도 학습 능력, 즉 외부 세계를 받아들이고 변화시키는 '새로운 정보 생성 능력'은 고령에 이르기까지 유지된다.

한마디로, 나이 듦을 받아들이고 계속 배워 나가는 사람은 지혜로운 노인이 되는 반면, 여러 강박 속에서 배움을 거부하는 사람은 강퍅한 노인이 되고 마는 것이다. 하지만 노인이 배우는 것이 쉬운 일은 아니다. 인터넷에서 회자되던 '95세 할아버지의 고백'은 다음과 같은 내용을 담고 있다.

나는 젊었을 때 열심히 일했습니다.
그 결과 나는 실력을 인정받았고 존경을 받았습니다.
그 덕에 65세 때 당당한 은퇴를 할 수 있었죠.
그런 내가 30세 후인 95살 생일 때
얼마나 후회의 눈물을 흘렸는지 모릅니다.

내 65년의 생애는 자랑스럽고 떳떳했지만
이후 30년의 삶은 부끄럽고 후회되고 비통한 삶이었습니다.
나는 퇴직 후 이제 다 살았다 남은 인생은 그냥 덤이라는 생각으로
그저 고통 없이 죽기만을 기다렸습니다.
덧없고 희망이 없는 삶
그런 삶을 무려 30년이나 살았습니다.

30년의 시간은 지금 내 나이 95살로 보면
3분의 1에 해당하는 기나긴 시간입니다.

만일 내가 퇴직을 할 때 앞으로 30년을 더 살 수 있다고 생각했다면
난 정말 그렇게 살지는 않았을 겁니다.

그때 나 스스로가 늙었다고,
뭔가를 시작하기엔 너무 늦었다고 생각했던 것이 큰 잘못이었습니다.
나는 지금 95살이지만 정신이 또렷합니다.
앞으로 10년 20년을 더 살지 모릅니다.
이제 나는 하고 싶었던 어학 공부를
시작하려 합니다.
그 이유는 단 한 가지
10년 후 맞이하게 될 105번째 생일 때
왜 95살 때 아무것도 시작하지 않았는지
후회하지 않기 위해서입니다.

　이 고백은 중대한 사실 두 가지를 말해 준다. 하나는 '노인에 대
한 상식', 정확하게는 노인에 대한 편견으로 인해 은퇴 후 30년을
낭비하게 되었다는 것이다. 이 글을 쓴 '어르신 강석규'는 논산에
서 농사일을 하다가 독학으로 초등학교 교사 자격증을 취득해 교
편을 잡고, 계속 공부하여 박사 학위를 받고 호서대를 설립하여
초대 총장에 이르기까지 쉼 없는 '성취'를 해 온 분이다. 엄청난 열

정에도 불구하고, 은퇴와 동시에 모든 일을 접은 것이다. 왜? '노인은 사회에 피해가 되는 존재'라는 인식 때문이다.

"남은 인생은 덤"이라는 말은 세상의 주인공은 젊은이들이니, 노인은 조용히 죽기를 기다리라는 사회적 명령의 결과다. 강 옹은 그 명령을 따랐고, 30년을 살았고, 그리고 통탄의 눈물을 흘렸다. 그것이 왜곡된 명령임을, 결국 스스로를 죽이는 명제임을 알게 되었기 때문이다. 분석심리학자 융의 말을 빌리면, 강 옹은 페르소나에 가려 숨죽이고 있던 내면의 자기(self)를 북돋아 '개성화(individuation)'해 나갈 수 있는, 노년의 소중한 시간을 놓쳐 버린 것이다. 단지 '은퇴 후의 인생은 덤이다'라는 상식 하나로 인해서 말이다.

뛰어난 어르신 강석규는 자신이 미혹되었음을 깨닫고 다음 단계로 나아간다. 공부를 하겠다는 것이다. 언제 죽을지 모르는 95세의 노인이 하고자 하는 것이 바로 '어학 공부'란다. 언뜻 듣기에는 이해가 가지 않는다. 우리의 또 다른 상식 때문이다: '공부는 미래를 위한 것이다' 때문이다.

하지만 강 옹이 '나'를 되찾는 의미 있는 일로 선택한 공부는, 이런 학교적 배움이 아니다. 그것은 '생명성'과 직결되어 있는 배움이다. 새로운 것을 배워, 그것이 자신의 것이 되도록 익히는 과정. 그 과정에 희열이 있고, 그 희열을 느끼는 순간이야말로 인간 생명의 고유한 존재 방식이 피어나는 순간이다.

후회 없이 죽기 위해

유네스코에서 '평생학습'을 강조하는 맥락은 바로 이런 것이다. 이들은 학교에 의해 왜곡된 학습에 대한 고정관념을 벗어나기 위해 평생학습이라는 용어를 사용한다. 평생학습은 인간의 존재를 가능하게 해 주는 숭고한 행위, 함께 살 줄 아는 미덕을 갖추는 사랑의 행위다. 학교를 비롯한 '기관'들이 끊어 놓는 앎과 삶의 흐름을 다시 잇는 변혁의 시도다.

 다들 알고 있듯이, '생명'이란 '자기 증식하는 존재'를 일컫는다. 에어컨은 아무리 성능이 좋아도 본체가 커지거나 다른 에어컨을 낳지 못한다. 하지만 아무리 작아도 세포는 계속 자가 분열하고, 새싹은 꽃으로 열매로 자기 증식한다. 버섯은 포자를 날리고, 아이는 몸이 커진다. 이들이 생명을 유지하려면 외부의 에너지가 유입되어야 한다. 이들이 외부의 에너지를 받아들일 만큼 개방적이지 않으면 생명체는 소멸하고 만다. 당연해 보이지만, 부지런히 광합성을 해야 하고, 계속해서 숨을 쉬고, 먹어야 한다. 물이나 공기, 음식이 모두 에너지다.

배움의 독립선언, 평생학습

인간에게 에너지는 음식과 공기 이상의 것, 즉 정보나 지식을 포함한다. 이것이 인간이 다른 생명들과 다른 점이다. 새로운 지식과 정보를 받아들여 새로운 의미를 창출하는 것. 그 의미에서 기쁨을 느끼는 것. 그것이 학습이다. 무엇을 배운다는 것은 바로 외부의 에너지를 자신의 것으로 만드는 과정이다. 때로 전혀 쓸데 없어 보이는 것을 배우는 것이 바로 생명의 힘이다.

강 옹은 103세에 별세하셨다. 적어도 103세 생일에는 후회하지 않으셨을 것이다.

우리 안의
성스러움

성역이 없어진다는 것은

금기는 깨지고, 금지는 해제된다. 동성동본의 결혼이 허락이 되는가 싶더니 동성애 가족이 출현한다. 안경 쓴 여자는 새벽에 돌아다니지 말라는 말이 우습게 들리기 시작하는가 싶었는데 미투운동이 시작된다. 엄숙한 수녀님은 〈시스터 액트〉에서 춤을 추고, 신부님은 돈을 들고 튄다. 금기가 없는 사회. 이 시대의 대표적인 특징을 하나 들라면 아마 그렇게 이야기할 수 있을 것 같다. 금기를 희화화하고, 금지를 상품화하는 것은 이미 오래된 트렌드다. 성과 속, 즉 성스러움과 세속적임 간의 구분이 흔들리고, 권위와 권력이 해체되며, 관행과 관습에 의문이 제기되고 있다. 우리가 사는 시대에 더 이상 성역은 없는 것 같다.

성역이 없어진다는 것은, 한편으로 정당하지 않은 권위나 권력이 보장받을 수 없게 된다는 것을 의미하고, 그런 점에서 사회역사적 차원의 진보이다. 함부로 침범할 수 없는 공간인 성역, 그래서 함부로 침범하는 존재들에 대해 가해졌던 처벌들은 급격히 사라지고 있다. 어떤 장소나 어떤 원칙에 대해서건 의문을 제기할 수 있고 침범할 수 있게 되는 것은 일종의 '사회의 민주화'이며 '지성화'라고 할 수 있다.

다른 한편으로, 성역이 없어진다는 것은 '어떤 소중한 것'이 없어지는 것이기도 하다. 성역은 세속에는 없는 신성한 것이라든가 내면의 가치, 영원한 것을 내장하고 있다. 교회나 절이라는 '성스러운' 상징적 공간을 통해 사람들은 인간의 원초적 가치와 사랑을 배우기도 하고, 세속적인 욕망과 물질적 탐닉에 거리를 두게 되기도 한다. "이유는 몰라도 해서는 안 될 것 같은 마음"이 소중한 것을 지켜 주는 힘이기도 했고, 그래서 성역이 없어진 곳에는 '함부로'가 날뛰기 쉽다.

그러므로 우리는 이렇게 말할 수 있겠다. 성스러운 것의 지나친 권력화, 즉 '배타적 성역'은 가차 없이 없애야 할 것이지만, 성스러운 것 일반을 거부하는 건 사회역사적 진보가 아니라고. 성역이 없어지고 그 성역을 세우던 다양한 금지와 금기가 해체된다는 것은 손쉽게 '진보'로 해석되지만, 그 안에는 어쩌면 목욕물과 함께 아기를 버린 경우도 들어가 있을지 모른다. 금기의 폐지가 어느 쪽인지는 매번 엄밀히 따져 보아야 하는 것이다.

성역이 무너진 학교교육

학교나 대학도 마찬가지다. 금기가 사라졌다. 아이들은 금기를 비웃고, 금지를 넘어선다. 교직에 대한 책에는 지금도 "교직은 성직이다"라는 말이 나오지만, 교사는 성스러운 존재는커녕 아이들의 놀림감이 되지 않으면 안도의 한숨을 내쉬는 상황이 되었다. 존경은 둘째 치고 규율이나 제재도 거의 작동하지 않는다. 아이들은 자거나 떠들거나 삿대질을 한다. 어떤 금기도, 금지도 제대로 작용하지 않는 상황은 수업을 위한 최소한의 규범조차 사라지고 있음을 보여 준다.

일각에서는 그간의 교사의 권력 남용의 당연한 결과라고 이야기한다. 제대로 가르치지 않았고, 힘으로 아이들을 누르려고만 했으니, 아이들이 대드는 건 당연하다는 것이다. 만약 정말로 그렇다면, 아이들의 저항은 당연하고도 건강한 진보이며, 새로운 생성을 의미한다. 하지만 그렇지만은 않은 것 같다. 아이들은 문제 많은 '이 학교'가 아니라, '학교 자체'를 부정한다. 제도 자체를, 수업을, 최종적으로는 배우는 일 자체에 대한 거부로까지 나아간다.

상당수의 아이들은 '부당한 교사'에게 저항하는 것이 아니라 '교사 일반'을 거부하며, 전달 위주의 교육을 비판하는 것이 아니라 배움 자체를 거부한다. 학습자가 제대로 공부할 수 있도록 하는 문화가 아니라 학습자의 흥미에 영합하는 문화가 일반화된다. '배움과 가르침'은 사라지고, '짱'을 중심으로 하는 '정치적 권력관계'가 학교의 중심이 되는 것이다. 결국 학생들은 '학습하는 주체'로서 키워지지 못한다.

사실 학생이 학습하는 주체가 되기 위해서는 학습자의 주도권과 더불어 학습자가 자신을 객체로 내어 주는 자세가 필요하다. 동서양을 막론하고 부모가 아이를 교사에게 데려다주면서 "(부모인 저를 대신해서) 사람 만들어 주십시오(in loco parentis)"라고 인사했던 것은 아이에 대한 전권을 교사에게 맡긴다는 말이었다. 아이가 교사에게 종속적인 인간이 되길 원해서가 아니라, 학습의 주체가 되려면 일정한 정도의 복종이 수반되어야 한다는 것을 알고 있었기 때문이다. '모르는 존재'로서의 나를 인정하는 것, 객체로서의 나를 겸허하게 내어 주는 것을 통해 학습자는 학습에 들어서게 되는 것이다.

동시에, 아이들은 앎의 주체로서 자신의 경험에서 비롯된 지식을 형성해 나가야 한다. 그저 객체로 있어서는 지식의 구성이 불가능하다. 자신을 학습의 중심에 놓고 바라보는 것, 자기가 주도적으로 무엇인가를 배워 나가는 것은 지식 구성에서 핵심적이다. '아는 존재'로서 혹은 '알 수 있는 존재로서 지식을 구성해 가는 것이 학습자가 주체가 되기 위한 또 하나의 조건인 것이다.

'나는 알 수 있다'와 '나는 모른다'의 동시석-변증법적 진동은 학습의 전제조건이다. 이 두 가지 조건은 독립적인 사회 구성원으로서 살아가기 위한 조건이기도 하다. 영어의 subject가 '주체'라는 뜻과 '종속'이라는 두 가지 뜻을 가지고 있는 것은 이런 능동적-수동적, 객체적-주체적 존재의 결합을 통해서 한 사람의 주체가 탄생할 수 있음을 의미한다.

교실 붕괴는 아이들이 능동적으로 지식을 구성하는 일도, 수동적으로 기존의 지식을 습득하는 일도 하지 못하고 있음을 알려 준다. 이런 좌절의 경험은 학교 밖으로 이어지기 마련이다. 금기가 없어진 것이 아니라 학교에서 교육이 상실되고 만 것, 학교의 성역으로서의 본질이 사라지고 만 것, 그것이 학교의 핵심적 문제이다.

배움의 독립선언, 평생학습

성역을 '함께' 다시 세우기

그렇다면 어디서부터 시작할 수 있을까? 쉽게 답이 나올 수야 없지만, '공공성 만들기'를 제안해 볼 수 있을 것 같다. 일각에서, 공공성은 '국가에서 하는 사업' 정도로 인식되고 있다. 하지만 개념적으로 보면 공공성은 공동의 관심 영역에 대하여 '모든 사람에게 선한 결과를 초래하는 어떤 것'을 추구하는 원리이고, 따라서 자율성 키우기와 맞닿아 있는 개념이다.

자율적인 인간이라면 당연히 갖추고 있어야 할 덕성인 양심에 호소하는 것, 타인이 동의할 수 있도록 자신의 생각을 합리적으로 표현하는 것은 공공성의 실현을 위해 필수적이다.

사람들이 자녀를 학교에 보낸 까닭은, 그리고 학교에 대해 깊이 실망하는 이유는, 이런 공공성을 학교에서 익힐 수 있다고 믿었기 때문이다. 지식과 문화를 배우는 과정에서 아이들은 자아와 세계에 대한 이해를 넓히게 되며, 이는 곧 합리성과 성찰성이 높아지는 과정이다. 곧 공공성을 만드는 과정이다.

개인이 자신의 이해관계에 매몰될 때, 즉 사적 관점에 머무를 때, 성장은 멈춘다. 성장은 자기와 다른 견해를 가진 사람의 관점을 취해 보고, 그 입장에 공감하며, 그 관점에 대해 자신의 마음을 나누고, 생각을 논증하는 힘을 기르는 과정이다. 자신의 입장에서 출발하되 타인을 향하는 것, 그것이 학습의 전제이며 공공성의 시작이다.

그러므로 우리는 문제를 이렇게 진단해 볼 수 있겠다. 교육현장에서 생기는 상당수의 문제가, '공부하기' 혹은 '배운다'는 일이 '공공적'이 아니라 '사적'인 코드로 단일화되어 있기 때문에 생기는 것이라고. 아이들은 공부가 자아와 세계에 대한 성찰이며, 더 나은 자신을 형성하는 과정이라고 생각하지 않는다. 사적 이익을 극대화해서 좋은 직장, 더 나은 수입을 보장받기 위해서라고 여긴다. 이렇게 생각하는 순간 헤게모니는 입시학원을 중심으로 하는 사교육으로 넘어간다.

이렇게 되면 교사는 공적 책임감을 가진 어른이 아니라, 학생의 등록금 혹은 부모의 세금으로 살아가는 사사로운 월급쟁이로 전락하게 된다. 그들은 학생이 원하는 '서비스'를 제공하거나, 최소한 학생의 행동을 제지할 권리가 없는 존재로 상정된다.

모두가 아우성치는 가운데, 대부분의 아이들은 부모로부터 경쟁에서 뒤처지지 말아야 한다는 강박을 또다시 배운다. 더 나은 교육 상품을 빠른 속도로 모니터링하고 처진 것을 폐기하는 사적 욕망의 관철 법칙을 배운다. 이렇게 사적 욕망의 법칙에 따른 결과, 한 명문 대학의 '성공한' 신입생 가운데 40%가량인 1,800여 명은 "심리 치료가 반드시 필요한 상태"에 놓여 있고, 재학생의 12%

배움의 독립선언, 평생학습

가 우울증을 겪었음이 보고되고 있다. 50대에 들어선 '성공한' 직장인의 과반수는 "도대체 내가 무엇을 위해 이렇게 미친 듯이 열심히 살아왔는가?"를 되뇌며 허무에 시달린다. 해야 할 과제가 눈앞에 정해지지 않으면 불안하도록 학령기 내내 '프로그래밍'되었기 때문이다. 시간을 자기주도적으로 편성하고, 타인의 의견을 전적으로 수용하는 주체와 주체의 만남을 체험하지 못했기 때문이다.

그래서 결국 다시 공공성이다. 사소하더라도 공공성을 체험하는 것, 공공적 태도를 가져 보는 것이 절실하다. 공공성은 국가주의도 아니고, 공공적 교육이 하향 평준화된 수업을 말하는 것도 아니다. 공공성은 우리 마음속에 사적 이기심을 넘어 진정으로 타인을 받아들이는 자세이고, 그렇게 해서 자신을 받아들이는 일이다.

심리학적으로 보자면, 타인에 대한 미움은 자기 안에 있는 결핍에 대한 미움이며, 타인에 대한 배려는 자아의 성숙을 의미한다. 그렇기 때문에 공공성은 우리의 일상이 되어야 하고, 수업이 되어야 하며, 학습의 근원이 되어야 한다. 교사가 공공적 존재로서의 자신을 돌아보고, 학부모가 자신의 아이가 공적 인간으로 커 나가도록 인도한다면, 그래서 아이들이 공공의 세상을 소중하게 바라볼 수 있는 시각을 얻게 된다면, 이 복잡한 교육의 얼개 한 귀퉁이에서 변화가 시작될 수 있지 않을까.

평생학습은 어떻게 공공성을 담지하는가?

'누구나학교'라는 학교가 있다. 수원시평생학습관에서 평생교육적 상상력으로 창조해 낸 학교다. 정성원 관장은 가르치고 배우는 위치의 전복을 강조하는 평생교육적 시각을 '시민 누구나 수업을 개설할 수 있도록 한다'는 원리로 발전시켜 '누구나학교'라는 멋진 프로그램을 만들어 냈다. '모두의학교'라는 학교도 있다. 서울시평생학습관의 김혜영 팀장은 폐교를 리모델링하여 수업에 따라 개폐가 가능한 교실로 만들고, 마스터'플랜'을 마스터'프로세스'로 바꿔 주민의 참여를 제도화했다. 뚜렷한 목표를 지향하는 플랜이 아니라 사람들이 참여하여 만들어 가는 '프로세스'가 중심이 되어야 한다는 것이다.

두 프로젝트 모두, '학교'를 일상과 분리된 공간으로 격리하는 과거의 패러다임에서 벗어나 적극적으로 학교를 '누구나의 삶'으로 끌어들이고자 한다. 이런 새로운 시도가 어떻게 가능한가? 학교틀을 벗어났기 때문이다. 산에 올라가면 산 아래에서 보는 것과 전혀 다른 풍경이 가능하듯이, 평생학습의 시각은 학교와 다른 시야를 확보해 준다.

교육의 목표로부터 학습자로 중점이 이동하게 되면, 다른 것이 보인다. 사람들은 이 색다른 '학교'에 들어서는 순간 '내 안의 공공

배움의 독립선언, 평생학습

성'을 되새기게 된다. "아, 초등학교만 졸업한 아주머니도 가르치네. 그렇지. 학력이 중요한 게 아니었지", "모두에게 도움이 되는 교육 공간이란 어떤 것일까? 왜 나는 학교만 생각했을까?"

이런 감탄과 의문 속에서 사람들은 차별이라는 습성의 벽을 넘어 타인의 존귀함을 인정하게 된다. 다른 사람에게 도움이 되는 '순한 손'을 만들고 싶어진다. 자기 안에 있는 결핍은, 무엇인가를 더 가지는 것을 통해서가 아니라, 타인을 돕는 과정 속에서 줄어든다. 성역을 다시 세우는 것은, 이런 "서로 학습"을 통해서 가능하다.

상당수의 금기가 깨졌고, 금지는 이미 사라졌다. 일상을 조율하던 금기의 덮개가 사라진 곳에 합리적 담론과 포용의 태도가 없다면, 유일하게 남는 것은 거친 욕망이다. 정제되지 않은 욕망은 상처를 낸다. 왕따가 그렇고 폭력이 그렇다. 우리가 아이들에게 줄 수 있는 선물이 있다면, 그것은 아이들의 마음을 읽어 주고, 이웃의 어른이 되어 주는 일이다. 그것은 우리의 마음 안에 들어와 있는 부당한 권력을 지치지 않고 걷어 내는 소통에서 시작된다. 그 소통은, 인간의 마음이 닿은 교육적 소통은, 성스러운 것이다.

평생학습의

코드

일상의
학습혁명?!

일상의 헤맴과 꼬임

며칠 전 늦은 밤, 딸아이가 핸드폰을 잃어버렸다며 들어왔다. 난감해하는 얼굴에는 그간의 추억과 앞으로의 일정을 잃어버린 상실감이 얹혀 있었다. 아이는 검색을 해 보더니 위치 추적을 시작했고, 정확한 주소가 지도에 떴다. 유레카! 안도와 기쁨이 찾아왔다. 역시 테크놀로지의 위대함이란!

하지만 다음 날 아침 일찍 찾아간 식당은 문이 닫혀 있었고, 그래서 아이는 몇 시간을 배회하다가 문을 여는 식당 주인에게 핸드폰 여부를 물어보았다. 주인은 단호하게 '청소를 다 했는데 핸드폰은 없었다. 들어온 폰도 없다'고 했단다. 어깨가 처져서 몇 시간만에 집에 들어온 아이는 핸드폰을 포기하는 것 같았다. "아무래도 잃어버린 것 같아요…."

핸드폰은 어디로 간 걸까? 그 식당의 위층에 빌라가 있는 걸까? 위치 발신지로부터 반경 17미터까지는 오차가 있다니 혹시 주변에 떨군 걸 다른 식당에 누가 맡긴 게 아닐까?

다시 검색을 하던 아이는 핸드폰을 찾으러 나섰다. 주변을 샅샅이 뒤지고 모든 식당과 상점을 다 다니면서 습득된 핸드폰이 없는지 물었다. 식당 건물의 위층도 가 보았지만 창고였단다. 다시 식당 주인에게 물었지만 단호했단다. "휴대폰 못 찾을 것 같아요…."

보다 못해 경찰서에 전화를 해 보았다. '이런 사소한 문제로 경찰서에 전화를 하는 게 맞나?'라는 면구함이 살짝 들었지만 도움이 되는 답이 이어졌다. "추적에 떠 있으면 분명히 거기에 있는 겁니다. 바닥 어디로 쓸려 들어갔든 주변에 떨어뜨렸든 있으니 다시 확인해 보세요." 경찰은 이런 전화가 한두 번이 아니라는 듯, 찬찬히 잘 설명해 주었다. 다시 식당으로 가서 직접 눈으로 확인하는 수밖에 없었다.

아이는 세 번째로 다시 식당으로 갔다. 이번에는 경찰에서 들은 말을 했던 것 같다. 식당 주인은 들어와 찾아보라 했고 핸드폰은 앉았던 구석 자리의 소파 등받이 아래, 접힌 부분에 쏙 들어가 있었다. 쉽게 보이지 않으니 식당 주인이 청소할 때 못 보았던 거다.

아이는 기뻐하며 돌아왔지만, 듣는 엄마는 영 기분이 석연치 않았다. 처음 갔을 때 식당 주인이 들어와서 확인해 보라고만 했으면, 종일의 헤맴과 그 시간만큼의 허탈감은 없었을 거 아닌가. 아무리 생각해도 세 번이나 찾아갈 일은 아니었다. 그래, 이렇게 허접하고 답답하고 꼬이는 게 일상이다.

관행은 비성찰을 낳는다

이런 일상은 아마도 '관행'이라는 말로 요약할 수 있을 것이다. 식당 주인은 늘 하던 대로 청소를 했고, 핸드폰을 발견하지 못했다. 자신의 판단을 믿었고, 귀찮은 상황이 싫었다. 그래서 관행대로 대답했을 거다. 다소는 딱딱하게 '가게 안에는 핸드폰이 없다'고 말하기. 자기가 못 볼 수도 있다고 생각했거나, 애타는 손님의 상황을 조금만 더 고려했다면, 들어와서 찾아보라고 했을 터이다. 하지만 그렇게 하지 않았다.

아이는 어떠했나? 아이는 핸드폰을 잃어버린 것이 너무나 심각하고 속상했지만, 식당 주인에게 '들어가서 살펴보겠다'라고 말하지 못했다. 주인의 단호한 태도, 그리고 주인의 나이가 한참이나 많다는 사실이 아이를 주저하게 했다. 아이는 결국 자신의 상황을 설명하지 못한 채 뒤돌아 나왔다. 나이 어린 사람의 복종적 관행이다.

제삼자가 보기에는 뻔한 상황에서 해결책이 사라졌다. 관행 때문이었다. 관행은 나이를 내세우는 태도, 제도에 의존하는 태도, 과거를 믿는 태도와 연결되어 있다. 물론 누구도 이런 태도를 바람직하다고 생각하지는 않는다. 타고난 것도 아니다. 관행은 관행을 학습한 결과들이다. 평생교육학자 자비스는 이런 학습을 일컬어 '비성찰적인 적응적 학습'이라고 칭한다. 되돌아보지 않고, 주어지는 상황에 적응하는 학습이라는 거다.

이런 학습에는 대개 '사람'에 대한 고려나 배려가 빠져 있다. 주어진 조건에 적응하는 것이 목표이기 때문이다. 우리가 의식적으로 잘 주목하지 못하는 '사회화'가 여기에 속한다. 아이들은 시키지 않아도 눈치껏 행동하며, 학교의 규범을 익히고, 직장의 규율을 따라간다. 이런 종류의 사회화 과정은 '살아남기' 위한 학습이다. 내가 상황 속에서 살아남기 위해, 세상에서 도태되지 않기 위해 진행하는 학습이다.

아이들에게 '하지 마!' 하고 말하는 순간 행동을 멈추는 것은 살아남기 위해서다. '멈춤반응'은 모든 반응을 정지시킨다. 생존이 모든 것에 앞서기 때문이다. 살기 위해 정지된 수동적인 상태에서 주변을, 나를 위협할 요인을 탐색한다. 이때 타인을 고려하거나 생

배움의 독립선언, 평생학습

각을 깊게 하는 전전두엽의 기능은 약화되고, 동물적 감각이 작동한다. 따지고 보면 관행도 멈춤반응과 크게 다르지 않다. 위험을 방지하고자, 상황에 수동적으로, 자신이 위험하지 않도록 프로그래밍된 행동양식이 관행이기 때문이다. '따라가면 중간은 간다'는 거다.

체계를 넘어, 생활세계의 학습 코드

타인을 존중하거나 타인의 상황을 곰곰이 챙겨 보는 일은 관행학습의 주 관심사가 아니다. 사안에 충실히 주목하거나 성실한 대화는 제외된다. 평생교육에서는 이런 식의 학습에 대하여 '체계 (system)의 코드'라고 말한다. 이는 기업이나 기관, 학교나 국가와 같은 제도가 지향하는 학습의 코드로, 더 효율적이고 더 생산적인 결과를 지향한다. 학습을 하는 주체인 학습자보다는 학습의 결과인 생산성이 중시되는 것이다. 흔히 '삼성맨'이라 불리는 매끈하고 도회적인 직장인의 이미지를 떠올려 보면 쉽게 이해가 갈 것이다.

이런 '체계의 학습 코드' 반대편에 '생활세계(life-world)의 학습 코드'가 있다. 생활세계의 학습 코드란, 인류가 모여 산 이래 계속되어 왔던 사람과 사람의 만남이나 놀이, 대화와 축제를 가능하게 하는 배움의 방식이다. 이런 코드는 '사람'을 중심에 놓는다. 그래서 덜 효율적이고 덜 생산적이다. 자본이나 국가와 같은 공간에서는 잘 작동하기 힘든 코드다. 사회가 혹은 경제가 발전하면 할수록, 생활세계의 학습 코드란 '물정 모르는 낭만가'의 태도로 비하된다.

우리의 일상은 어떤가? 말할 것도 없이 체계의 코드가 중심이 되는 생활이다. 생활세계의 소소한 이야기들과 소통은 별로 중요하지 않다. 학습이라 할 때는, 특히 생활세계를 가능하게 하는 배움은 숨을 죽인다. 학습은 손쉽게 학위, 승진, 성취, 성과, 갈등 해소, 국가 발전과 같은 단어와 결합한다. 생활세계를 살아 숨 쉬게 하는 학습이 부수적이고 구차해지는 것. 이것이 하버마스가 말한 '생활세계의 식민화'라고 할 수 있다.

예를 들어 보자. 아이를 기르고, 배려하고, 성장하도록 돕는 '본질적 의미의 교육'은 당연히 생활세계의 학습 코드로 진행된다. 하지만 학교는 선발과 평가를 위해 아이들을 줄 세우고 더 높은 점수를 받도록 강제하는 체계의 학습 코드로 운영된다. 시간이 지남에 따라, 가족은 점차 입시 대행 체제로 변화한다. 체계 쪽의 코드가 승리한다. 입시 가족이 일상화되는 것이다. '생활세계의 식민화'다.

이런 상황 속에서 학교에서 소위 '인간다운 교육'을 구현하기란

말처럼 쉽지 않다. 식민지에서 식민모국이 제시한 가치를 전복하는 것이 어렵듯, 이미 체계의 원리가 스며든 생활세계에서 체계의 논리를 거부하는 인간적 가치를 구현하는 일은 쉽지 않다. 게다가 학교라는 기관의 특성도 복잡하다. 학교는 사회를 재생산한다는 점에서 그 자체가 대표적인 '국가 체계'인데, 동시에 아이들을 키우는 '생활세계의 가장 중요한 단위'이기도 하기 때문이다. 그러니 학교는 늘 진퇴양난에 빠진다. 학교는 기업처럼 일관된 코드로 운영될 수 없다. 이것이 학교만으로 학교의 문제를 해결하기 어려운 이유이다. 부모들이 혹은 국가적 차원에서 생활세계의 학습 코드에 힘을 실어 주지 않으면, 학교가 가진 체계로서의 기능을 넘어서는 '사람을 배려하는 교육'은 이루어지기 어렵다.

관행적 학습을 혁명적으로 뒤집자!

'일상의 학습혁명'은 별다른 것이 아니다. 우리의 일상이 허접하고 답답한 것은 일상을 조직화하는 관행들 때문이라고 진단하고, 그 일상을 바꾸는 작은 실천을 하자는 것이다. 말하자면 식민화된 생활세계를 조금이라도 바꾸는 배움을 열어 가자는 것이다. 평생교육도 별게 아니다. 학교에 국한된, '숨죽인 학습'이 아니라, 일상의 '숨 쉬는 학습'에 주목하면, 체계를 변화시킬 탈식민의 고리가 만들어질 수도 있다고 보는 거다. 기존의 수동적인 학습을 혁명하는 것이 새로운 삶의 조건이고, 그런 학습을 일상화하는 것이 평생교육의 목적이다.

일상에서는 수시로 학습이 일어난다. 정확히 말하자면 학습이 없으면 일상도 없다. 숨 쉬고 밥을 먹듯이, 우리는 세상이 전하는 의미들을 읽어 내고 또 자신의 생각을 세상에 내어놓는다. 그래서 어떤 지배도 학습 없이 관철될 수 없고, 사회 유지의 핵심도 학습이다. 문제는 어떻게 해서 학습이 일어나고 있는지를, 대부분의 사람들이 자각하지 않고 있다는 것이다.

일상이 어떻게 구성되는가? '익숙함'이다. 세수를 하는 것도, 버스 타고 이동하는 것도, 이메일 체크도, 직장에서 일을 하는 것도 익숙하다. 익숙하지 않다면 너무나 힘겹고 피곤할 것이다. 이런 익숙함은 사회의 재생산, 나아가 국가의 재생산을 보장한다. 어제와 유사한 오늘, 과거와 비슷한 내일이 있으므로 사람들은 다소는 안심하고 하루하루를 습관처럼 살아간다.

일상의 학습혁명은 일상을 구성하는 코드를 읽어 내는 일에서 출발한다. 읽어 내고 자신의 버전으로 해석해 보는 거다. 어떻게? 스스로 낯설어짐에 의해서다. "왜 나는 버스로만 출근을 하지?" 라는 질문을 던져야 지하철이나 걷기, 자차라는 다른 교통수단에 대한 생각이 출현할 수 있다.

이는 다양한 일상을 '사건의 시각'으로 보자는 제안이다. 앞서 말한 대로, 일상의 관행은 '적응'을 중심으로 작동한다. 특별한 사건이 생길 때까지, 관행은 유지되게 되어 있다. 사건이란 무엇인가? 알랭 바디우(2013: 304)는 이렇게 정의한다. "상황, 의견 및 제도화된 지식과는 다른, '다른 것'을 도래시키는 것." 사건은 기존의 관행이 유지될 수 없는 사태를 말한다. 이런 사태란, 바로 학습이 갈급한 사태다. 관행이 불가능할 때 성찰이 시작되기 때문이다.

학교를 보자. 아이들이 등교하고 수업을 듣고 하교하는 것은 일상이다. 하지만 싸움이 벌어지면 사건이 된다. 시험을 보는 것은 일상이지만 커닝을 하는 것은 사건이다. 사건은 관행을 넘어서는 학습이 필요함을 알리는 알람이다. "더 이상 그런 식으로는 안 되겠어요!"라는 상황의 외침이다. 사건이 일어나면 정지하고 서서, 그간의 익숙함이 쌓아 온 문제가 무엇인지, 사람들이 무엇을 걱정하거나 힘겨워하는지를 찬찬히 살피게 된다.

일상을 사건의 시각으로 보라는 것은, 별일 없는 상태를 별일이 일어난 것처럼 바라보라는 거다. 일상을 이루는 관행적 학습을 '혁명'적으로 뒤집어 보라는 거다. 물론 이건 쉬운 일이 아니다. 현실을 보면 사건이 일어나도 일상의 코드로 덮는다. 그것이 현상유지에 도움이 되기 때문이다. 인간을 중심에 놓는다는 것도 마찬가지다. 쉬운 일이 아니다. 관점을 달리한다는 것은 개인의 소소한 변화 같지만, 결과적으로 문화를 바꾸는 큰 차이를 낳는다.

관행적 일상은 제도의 과거가 관철되는 것을 말한다. 반면, 성찰적 일상은 인간의 소통을 중심에 놓는다. 관행으로 문제는 덮일 뿐 해결되지 못한다. 인간을 중심에 놓고 볼 때만 문제는 해소된다. 제도로 대표되는 '체계'란 본래, 사람을 보호하고 돕기 위한 사회의 장치다. 하지만 제도는 지배의 과정에서 사람들을 통제하고 금지하기 위한 장치로 변모했다. 사람들이 의문을 제기하지 않으면 제도는 통제 장치로 변한다. '원래의 목적'을 곱씹지 않으면 제도는 독립해서 인간 위에 군림한다. 루소가 사회계약에서 했던 핵심적인 메시지는 '사회 구성원들이 정기적으로 모두 모여 사회의 원래의 계약 상태를 점검하라'는 거다. 그만큼 '사람 중심'의 사회는 어렵다. 사회 자체가 그러한데, 그 하위 제도나 기관들은 더 말할 나위가 없다.

'실수'를 '사건'으로 만드는 힘 기르기

다시 핸드폰 사건으로 돌아가 보자. 회사에서도, 가정에서도, 학교에서도 업무나 성적이나 시험에 집중하는 '관행적 일상'은 사람을 제쳐 놓게 한다. '일단 이 일부터 처리하고'가 일상을 구성하기 때문이다. 성공 중심적 관점에는 '사람'이 들어오지 않는다. 식당 주인은 자신이 가진 태도로 인해 손님이 곤란한 지경에 놓일 수도 있다는 사실을 자각하지 못했다. 아이는 자신이 주인의 입장을 수동적으로 수용하는 태도를 가지고 있다는 사실을 자각하지 못했다. 이미 익숙해진 일상의 코드 속에서 주인은 상점의 관행을, 아이는 나이의 관행을 반복했다.

관행이 초래하는 손실에서 벗어나려면, 관행을 벗어나 '인간'을 중심에 놓아야 한다. 식당 주인은 '내가 청소했다는 걸 내세워 학생을 힘들게 했구나'라는 생각에 이를 수 있고, 이후에는 뭔가를 분실한 손님들의 말을 좀 더 잘 들어 보아야겠다는 새로운 입장을 갖게 될 수도 있다. 아이 역시 나이의 권력에 위축되지 않고 얼마든지 호소력 있게 입장을 전달할 수 있으며, 과도하게 주눅 들지 말아야겠다는 학습의 계기를 맞게 될 수도 있다.

'식당 주인의 귀찮음+아이의 주저함'이라는 세트 메뉴는 '제도의 단호함+인간의 무력함'이라는 좀 더 큰 세트 메뉴로 옮겨 간다. 이렇게 되면 사람들은 점점 더 사람들을 무시하게 된다. 사람들 대신, 규정을 찾고, 법을 뒤적인다. 사람들 간의 대화는 사라진다.

비근한 예로, 학교폭력위원회에서는 아이들 간의 대화나 교사의 화해 노력이 사라지고 변호사들의 대리전이 진행되고 있다. 숙

명여고의 시험지 유출 사건이 놀라운 이유는, 시험지를 받아 전교 1등이 된 아이들이 거짓말을 하고 있다는 점이다. 아마도 '그래야 살아남을 수 있다'고 변호사가 지침을 내려 주었기 때문일 거다.

실수 혹은 해프닝과 같은 '익숙한 관행들'을 '사건'으로 만드는 힘, 즉 일상 속에서 의외성을 만들어 내는 힘은 바로 학습 능력에서 온다. 식당 주인이 핸드폰 분실을 '사건'으로 보고, 관행을 벗어나 '다른 지식'을 사용해야 했다면 상황은 달랐을 것이다. 그는 일상의 관행, 즉 '청소 결과, 습득된 분실물이 없다=핸드폰이 없다'는 상식을 사용했다. 만약 이를 '사건'으로 보았다면, 주인은 과거의 지식을 벗어나 아이의 상황을 좀 더 들어 보고, 찬찬히 찾아보는 '다른 행위'를 했을 것이다.

아이 역시 '나이 많은 사람의 말은 따라야 한다'라는 프로토콜을 벗어나, 자신의 상황을 좀 더 상세하게 설명하는 '의외성'을 만들어 낼 수 있었을 것이다. 공동체가 중요한 이유는, 인간은 공동체 속에서야 비로소 안심하고 타자의 관점을 취해, 자신에게 익숙한 사태를 다른 관점에서 볼 수 있기 때문이다. 역으로 말하면 극한 경쟁 속에서는 자기를 지키기 급급하니, 타인의 관점을 취하며 시작되는 학습을 할 여지가 없다.

익숙한 가운데 익숙하지 않은 어떤 것이 발생하지 않으면, 우리의 삶은 지루하기 그지없을 것이다. 기쁨이 어디서 오는가? 의외의 순간에 온다. 갑자기 찾아온 친구, 깜짝 파티, 의외의 통지서, 생각지 못한 농담. 이런 것들은 익숙한 일상의 반복성을 뚫고 감정의 샘을 만든다.

의외의 순간은 스스로 만드는 것이기도 하다. 엉뚱한 행동, 일정에 없는 여행, 낯선 표현. 이런 일들은 일상의 결을 바꾼다. 이런 점에서 학습권을 보장하는 일이란, 학습을 일상화하여 숨죽이던 감정을 되살리는 일이다. 의외의 시선이 일상이 되도록, 다른 사람의 관점에서 생각할 수 있도록, 그리고 감탄의 탄성이 자주 나올 수 있도록 '삶의 짜임'을 바꾸는 일이다. 일상이 학습을 먹어치우지 못하게 하는 것. 학습이 일상이 되게 하는 것. 이것이 일상의 학습혁명이다.

머물거나 사라지는
시간에 대하여

"2시에 만나자."

누구에게나 공평한, 누구도 이의를 제기할 수 없는, 시침과 분침과 초침이 가리키는 시간. 60개의 눈금으로 나뉘어 있고, 초침은 분침으로, 분침은 시침으로 차곡히 축적되어 쌓여 가는 시간. 그 균분과 축적으로 인해 시간은 잘 사용될 수도 있고, 낭비될 수도 있는 어떤 것으로 받아들여져 왔던 것 같다.

하지만 가만히 과거를 되짚어 보면, 시간은 동질적이지 않고 동일한 속도로 움직이지 않는다. 갓 사랑에 돌입한 연인들의 시간과 가사노동을 하는 시간은 그 가치나 속도, 경험의 깊이나 감정에서 같을 수가 없다. 플랭크라는 운동을 처음 해 보던 날 30초의 시간이 얼마나 길게 느껴지던지.

'어떤' 시간을 보내고 계시나요

비균질적인 것이 시간 경험의 당연한 속성이라고 전제하고 보면, 시간은 크게 세 종류로 나뉘는 것 같다. 하나는 무의미해 보이지만 반복적인 활동을 하는 시간이다. 세수를 하고, 옷을 챙겨 입고, 출퇴근을 하고, 밥을 먹고, 가사노동을 하는 그런 시간은 대수롭지 않지만 우리의 습관을 만들고, 생활 자체를 가능하게 하는 시간이다. 이런 시간이 어떻게 구성되는지가 사실은 우리 삶의 큰 틀을 구성한다.

두 번째는 몰입의 시간이다. 이미 1980년대에 칙센트미하이(Mihaly Csikszentmihalyi)가 밝힌 '몰입'은 주체와 객체가 합일되는 그런 경험의 시간이다. 대화를 하거나 공부를 할 때, 운동경기에서나 영화를 보면서 몰두할 때, 우리는 시간이 훅 지나가는 것 같은 경험을 한다. 수다도 적절하기만 하다면 몰입의 중요한 장면이 된다. 이런 시간은 빨리 지나가기도 하지만 동시에 나를 바꾸어 놓기도 한다. 몰입을 겪기 전과 후는 지식이나 정서적으로 조금이라도 다른 사람이 되는 것이다.

세 번째는 소외의 시간이다. 소외는 주체가 상황을 주재하는 것이 아니라 상황이 주체를 구속하는 것을 말한다. 누군가가 보고 있기 때문에 하는 작업, 시험을 위해 하는 공부, 출세를 위한 대화. 과정은 일종의 수단이 되고, '나'는 그 자리에 있기 때문에 그 일을 하는 것에 불과하다. 인생의 마지막 순간에 나를 되돌아본다면, 두 번째의 시간을 얼마나 많이 채웠는지에 따라 삶의 질은 다르게 평가될 것이다.

비루하고 버거운 시간

두 번째의 시간, 즉 집중과 몰입으로 생활을 채우는 것은 쉬운 일이 아니다. 아니, 거의 불가능한 일이다. 일상은 대부분의 사람들에게 비루하거나 지루하거나 버겁다. '먹고살기 위해' 일하는 것은 자신이 존재의 중심에 놓이지 않는다는 걸 확인하는 일이다. 회사를 위해 승진을 위해 돈을 위해 살아가는 인생의 비루함. 그것은 밥을 먹고 씻고 출퇴근을 하는 습관에 의해 뒷받침된다. 첫 번째와 세 번째의 시간, 그것이 우리가 대부분의 인생을 보내는 시간이다.

배움의 독립선언, 평생학습

한스 발둥 그리엔(Hans Baldung Grien)의
「인생의 세 시기와 죽음(The Three Ages of Man and Death)」(1510)

한스 발둥 그리엔(Hans Baldung Grien)의 그림을 보자. 젊은, 나이든, 죽은 여인이 나란히 서 있고, 발아래 아이 하나가 누워 있다. 나이 든 여인은 젊은 여인을 바라보고 있고, 죽음은 한시라도 빨리 나이 든 여인을 데려가려고 팔을 잡아끈다. 죽음의 낡은 지팡이에 닿은 아기는 이미 죽어 있고, 유일한 긍정의 기호인 십자가는 구름 사이로 하늘을 향해 멀어져 간다.

여기서 내가 주목한 것은 젊은 여인의 표정이었다. 중심에 서 있고 가장 아름다워야 마땅할 사람이지만, 여인에게서 생동감은 전혀 느껴지지 않는다. 젊음의 행복함이나 자족감, 심지어는 나이 든 여자의 접근에 대한 거부감도 없다. 그저 어떤 시간도 짜증 날 뿐인 것 같다는 표정. 그것이 이 그림이 다른 그림과 전혀 다른 분위기를 형성하는 이유였다. 대개는 죽음이나 노화는 흉측한 모습으로 공포에 떠는 젊음을 위협하거나 잡아끈다. 그러나 이 그림은 다르다. 나이 든 여인의 눈과 같은 최소한의 결기도 없이, 젊은 여성은 우리를 힐끗 본다. 시간이 지나면 나이 든 여인으로, 그리고 지옥이 기다리는 죽음으로 이어질 뿐인 것처럼 말이다.

가만히 관객을 쳐다보는 부엉이는 그래서 우리가 어떻게 삶을 대해야 하는지에 대해 생각해 볼 것을 권하는 아이콘이다. "너는, 네가 주체가 된 그런 몰입의 시간을 얼마나 보내고 있니?" 여기에 우리 사회, 하나의 질문을 덧붙인다. "너는, 학교로 인해 얼마나 몰입의 기회를 박탈당했니?"

내 삶의 온전한 주인이 되는 시간

사랑, 아름다움, 희망이 파괴한 시간. 시몽 부에(Simon Vouet)가 1627년에 그린 그림은 전혀 다른 스토리를 들려준다. 그의 그림에서 희망은 시간의 머리채를 휘어잡고 칼끝으로 심장을 겨누고 있고, 미는 시간의 목을 갈고리 창으로 위협하고 있다. 시간과 미, 시간과 희망은 좋은 사이가 되기 쉽지 않다. 시간이 가면 미는 사라지고, 희망 역시 절망으로 혹은 과거로 사라지게 되므로. 시간은 아름다움을 늙게 하고, 희망이란 한낱 꿈이었다고 찬물을 끼얹는다.

하지만 상식과 반대로, 이 그림에서 패배하고 있는 건 시간이다. 살짝 홍조 띤 얼굴로 희망과 미라는 두 여인은 단단하고 차분한 중년의 시간을 희롱한다. 시간이 아무리 인간을 지배하려고 해도, 이 둘은 바람처럼 빠져나와 시간을 농락할 수 있다. 그래서 인간은, 기계와 달리 시간의 노예가 되지 않을 수 있는 존재인 것이다.

마흔이 넘고 쉰이 넘고 또 예순이 넘어도, 그래서 노인이 되고 어르신이라 불려도, 대부분의 사람들의 마음은 '청춘'이다. 희망

시몽 부에(Simon Vouet)의

「패배한 시간(Time Defeated by Hope and Beauty)」(1627)

배움의 독립선언, 평생학습

이나 사랑, 아름다움이나 즐거움이 시간을 공격해서, 시간이 세월로, 세월이 경직으로 이어지지 않게 하기 때문이다. 첫 번째 그리고 세 번째처럼, 정확하며 축적으로 흘러가는 시간은, 우리의 내면에 영향을 미치지 못한다. 피부 혹은 껍데기는 시간의 공격으로 늘어지고 검어지고 거칠어져도, 눈동자나 따뜻한 손길, 마음 담긴 목소리는 시간을 초월한다.

그래서 잘 늙은 사람이란, "시간은 절대로 나의 주인이 될 수 없다"고 선언하는 그런 사람이다. 내면의 목소리가 시간을 지배할 수 있는 그런 사람이다. 한비야가 '가슴이 떨리는 일'을 찾았다고 느꼈을 때, 혹은 그 정도까지는 못 이르더라도 마음을 채우는 열정으로 밤을 새우고 아침을 맞을 때, 우리는 시간의 주인이 된다.

시간을 뒤틀어 나를 찾는 학습

사람들은 왜 여행을 좋아할까? 일상의 시간을 단절시켜 주기 때문이다. 일상과 단절할 수 있다는 것, 그것은 나의 무력함이나 자괴감과의 단절을 의미한다. 오랫동안 보아 오던 낡은 장막이 걷히고, 한 번도 보지 못한 새로운 커튼이 열리는 체험. 그것은 익숙함을 떠난다는 것 이상의 의미가 있다. 일상 속으로 구겨 넣어진 나의 자존감, 자부심 혹은 존중감을 다시 꺼내 반듯하게 펼 수 있는 시간을 갖는 일이다.

익숙하지 않은 세상에 대한 약간의 두려움은 나의 세포에 긴장감을 불어넣고, 팽팽해진 감각들이 새로운 것들을 바라본다. 먼지 쌓인 호기심들이 다락문을 열고 나오는 것. 여행은 그렇게 나를 어린 눈동자로 다시 구성하는 것이고, 그렇게 해서 체험의 층위를 깊게 만드는 일이다. 헐떡이던 갈증이 우물을 만나 한숨 돌리는 것. 여행은 그렇게 작은 웅덩이를 만들어 삶에 수분을 공급하는 일이고, 그렇게 해서 삶이 무엇인지를 알아 가는 일이다. 그래서 여행이란, 굳이 어디로 떠나야 하는 것이 아니라, 일상으로 굳어 가는 마음을 다시 건져 내는 일이다.

여행을 가는 건 나의 일상의 시간감각을 뒤트는 일이다. 시차가 작동하고, 명절이 바뀐다. 중요한 것이 사소한 일이 되고, 시시한 일이 중시되는 경험이 다가든다. 그래서 다시금 생각하게 되는 "나는 무엇을 원하는가?" 공간의 이동 속에서 시간의 직조 방식이 바뀌면서 생긴 이런저런 어긋남들은 '나의 본질'에 좀 더 착목하게 하는 것이다.

여행이 최종적으로 목적하는 바는, 나의 마음 가운데서 생겨나는 나의 속도를 찾는 일이고, 그것은 이미 익숙해진 세상의 시간을 벗어나 나의 시간을 갖는 일인지도 모르겠다. 그러니 이렇게

배움의 독립선언, 평생학습

말할 수 있겠다. 어디론가 떠나지 않아도 여행일 수 있고, 열심히
떠나도 여행이 아닐 수 있다고.

그것을 가능하게 해 주는 것이 학습이다.

학습의
역설

문제 하나.

다음 중 학습과 가장 거리가 먼 것을 고르시오.

① 잉여 ② 목표 ③ 놀이 ④ 설계

대개가 1번을 고르지 않을까 싶다. 3번을 고르려다 만 사람도 꽤 될 것이다. 아마 2번을 선택한 사람은 얼마 없을 것이고, 4번도 그리 많지는 않을 것 같다. 그만큼 학습은 정해진 목표를 향해, 체계적인 설계를 통해 진행되는 활동과 가까이 있다. 정답은? 없다.

모두 학습과 깊이 관련된다. 그 이야기를 해 보자.

"태초에 잉여가 있었다."

아사다 아키라(浅田彰)의 책(1995)을 읽다가 이 문장을 접했다. 뒷머리를 한 대 맞은 것 같았다. 인간의 뇌가 '생존에 꼭 필요한 것 이상의 잉여'라는 점에서 중요하다니. 잉여의 뇌 작업을 통해 인간이라는 종은 문명을 발달시킬 수 있었다는 주장이었다. 인간의 고유성이 잉여에서 비롯되었다는 거다. 사실, 생존만이 필요했다면 인간이 굳이 소통하고 의미를 찾을 필요가 있었을까. 그토록 탐닉하고 중독되는 현상이 생겨났을까. 어쩌면 인간의 출현과 발달은 '잉여성'에서 시작되는 것인지도 모른다.

"인간 사회의 원형적 행위에는 전부 놀이가 스며들어 있다."

요한 하위징아(Johan Huizinga)의 『호모루덴스』(2018)의 주장도 그랬다. 인생이 고뇌나 해탈이 아니라 놀이라니. 진지한 태도나 수행, 사명감이나 소명을 여전히 중시하던 1990년대 즈음, '놀이하는 인간'에 대한 반응은 그랬다. 나에게도 놀이에 대한 주목은 충격적인 일이었다. 하지만 사실 사람들은 틈만 나면 놀려고 하고, 아이들이 자생적으로 놀이를 만들며, 몰입한다.

학습을 구성하는 모순과 역설

잘 따져 보면, 잉여와 놀이는 학습과 내밀하게 연결되어 있다. 뭔가를 잘 배웠던 기억을 떠올려 보면, 그 안에는 잉여의 시간과 즐거웠던 놀이가 있다. 자전거에서 피아노, 수채화에서 글쓰기에 이르기까지, 잘하게 된 어떤 것 안에는 잔잔한 즐거움이 녹아 있다. 시켜서 억지로 익힌 결과물과는 거리가 멀다.

　잉여가 없었다면 우리의 문화도, 사상도, 예술도 불가능했을 거다. '나머지'가 생기니, 그것으로 무엇인가를 만들고자 했고, 쓸데없는 일들을 벌였다. 때로 그런 쓸데없음이 감동으로 이어졌다. 의미나 아름다움은 잉여가 없다면 생겨나거나 발달할 수 없다. 놀이가 없었다면, 아이들은 갈등을 다루거나 협동할 마음의 여지를 지니지 못한 채 답답한 어른으로 자라났을 것이다. '이건 노는 거니까'라고 하는 유예가 심각함을 낮춰 주고, 실험의 공간을 만들어 주었다. 나이가 조금 들면, 우리는 여가라는 시간을 떼어 내어 놀이의 공간을 확보했다.

　그런데 우리에게 학습은, 오랜 기간 '특정한 목적을 달성하기 위한 억지로 받아들인 지식' 정도로 각인되어 왔다. 당위(must)의 문법은 필수로 여겨졌다. 교육이 학습을 통제하기 시작하면서 목표 외의 것은 잉여가 되고, 설계 외의 것은 놀이로, 학습의 범주에서 제외되었다. '해야만 한다'만 남았다. 의사나 판사, 교사가 되려면 학습을 해야만 한다, 좋은 시민이 되려면 학습을 해야만 한다, 그림을 그리려면 학습을 해야만 한다. 심지어 인간이 되려면 제대로 배워야만 한다….

그렇게 해서 학습과 강제는 짝말이 되었다. 오래전 시민권에 대한 명제를 확립시킨 마셜(Thurgood Marshall)조차도 '교육은 유일하게 강제력이 필요한 권리'라고 했다. 목적 달성이나 문제해결의 '도구'가 되는 교육과, 그 부수물로서의 학습이라는 이미지는 우리에게 상당히 익숙하다. 이웃 간의 관계를 해결하기 위해서는 학습을 시켜야 한다, 사회 갈등을 해소하려면 학습을 시켜야 한다, 정치적 극단화를 줄이도록 학습을 시켜야 한다….

다시 말해, 우리의 상식 속에서, 학습 개념에는 '시키는' 힘이 들어가 있다. 그러나 우리의 경험을 되짚어 보면, '시키는' 학습으로는 무엇이든 잘 배울 수가 없다. 인간은 알아서 학습을 하지 않지만, 학습이 제대로 되려면 스스로 학습을 해야 한다는 것이다. 학습을 구성하는 이 모순 혹은 역설은 어디서 오는 것일까?

공부는 '습(習)'을 이루어 가는 과정

나의 짧은 견해로, 그것은 인간이 가진 태생적 모순이고, 인간 발달의 본질적 역설이다. 인간은 좀 더 편한 것을 원하지만, 동시에 도전을 놓지 않는다. 아기가 걷고, 뛰고, 말하게 되는 과정은 불편과 도전으로 가득 차 있다. 가만히 누워 있는 것이 편하지만, 계속 움직이고 넘어진다. 늘 하던 대로 하면 편하지만, 다른 방법을 적용해 보려고 한다. 때로는 더 편한 방법을 찾아내고자 발명을 하기도 한다. 감각적 쾌락을 추구하지만, 깨달음의 희열을 갈구하기도 한다. 엘스터(Jon Elster)가 제시한 그래프([그림 2])가 보여 주듯이, 소비는 손쉬운 쾌를 빨리 가져다주지만, 급속히 저하된다. 그래서 내려가는 곡선을 올리려면 계속 소비를 해야 한다. 학습은 반대로 불쾌에서 시작되지만, 일정 시간이 지나면 즐거움이 생겨나며 점차 상승한다. 이것이 성인학습의 매력이다. 인간은 학습과 노동 같은 지루하고 고통스러운 과정을 거칠 때, 좀 더 길고 깊은 기쁨을 느끼는 존재다.

학습을 강제하거나 통제해야 한다는 상식은, 감각적 즐거움에 쏠려 있는 인간의 본성에 주목한다. 자율적으로 두면 학습하게 되어 있다는 믿음은, 깊고 긴 깨달음의 희열을 지향하는 인간의 특성에 주목한다. 이런 점에서 학습자의 관심을 존중하되, 감각적

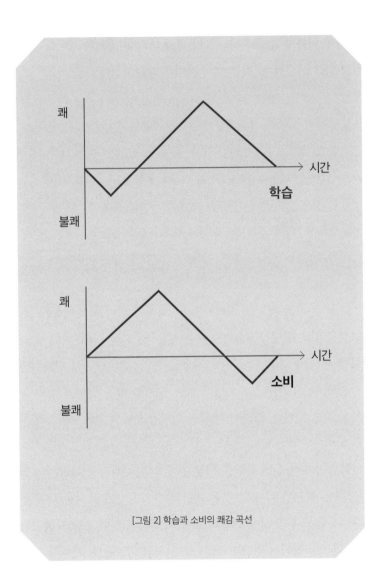

[그림 2] 학습과 소비의 쾌감 곡선

쾌락에 머물지 않도록 하는 '의지의 울타리'가 필요한 것이다.

신영복 선생님은 『담론』에서 이렇게 말씀하신다.

> 공부의 공(工)은 천과 지를 연결하는 것이고, 한자 부(夫)는 천지
> 를 연결하는 주체가 사람이라는 뜻이다. 공부란 천지를 사람이
> 연결하는 것이다. … 자연이라는 질료에 형상을 사람이 부여하
> 는 것. 이것이 공부다. 옛날에 공부는 구도라고 했고, 구도에는
> 반드시 고행이 전제된다. 고행의 총화가 공부이다. … 니체는 철
> 학은 망치로 한다고 했다. 인식틀을 깨뜨리는 것이 공부다.(18)

나를 둘러싼 세계를 이해하고 그 세계에 의미를 부여하는 것. 그것은 기존의 생각들을 벗어나 자신을 찾는 일이기도 하다. 그래서 공부는 구도고, 구도는 힘겨움을 동반하며, 그래서 강제력과 같은 '틀'을 요구한다. 하지만 그것은 주체를 찾는 일이고 삶의 중심을 찾는 일이다. 그래서 '주체'의 의지가 없다면 불가능한 일이기도 하다.

학습이라는 말의 근원을 이룬 공자의 '학이시습(學而時習)'은 세계에 대한 배움인 학과, 그것의 내면화 과정인 습으로 구성되어 있다. 이 말을 우리 삶에 대입해 보면, 학습의 역설이 조금은 해소된다. 외부적 압력이 없다면 '학'은 잘 시작되지 않는다. 하지만 외부

적 압력만으로는 '습'을 이룰 수 없다. 무엇인가 배울 수는 있으나, 스스로 익히는 데까지 도달할 수는 없다는 것이다. 원래적 의미로 돌아가서 보면, 공부는 '습'을 이루어 가는 과정인 것이다.

좋은 교육에는 잉여와 놀이가 담겨 있다

목표를 세우고, 계획을 가지고 공부하는 일. '학'은 몰랐던 것을 배우는 일이다. 인간의 두뇌는 생각보다 게으르다. 새로운 것을 배우는 건 안 그래도 20%가 넘는 에너지를 쓰는 두뇌에 부하를 늘리는 일이다. 되도록 배우지 않으려고 하는 것이 당연하다. 그래서 '학'을 잘하려면 적당한 의도성과 강제력이 필요하다. 학교의 대부분의 교육과정은 아이들을 '학'에 입문시키기 위해 '국가'라는 강력한 물리력을 등에 업고 출현했다.

하지만 '습', 즉 익히는 일은 선택적이다. 강제할 수가 없다. 말을 물가에 데려가는 것이 '학'이라면, 물을 먹는 것은 '습'이니, 습은 말이 알아서 할 일이다. 어떤 아이들은 스스로 익히나, 어떤 아이들은 그러지 못한다. '학'을 내면화하고 '습'에 익숙해지면, 일상이 모두 배움터가 될 수 있다. 무학의 영화감독, 음악가, 도예가들은 학교만 다니지 않았을 뿐, 학과 습의 달인들이다. 강제적으로 '학'

을 시키지 않아도 배우고, 완벽에 이를 때까지 스스로 '습'하여 몸에 익힌 사람들이기 때문이다. 이들은 즐겁게 학습한다.

즐거움은 안락함 혹은 편안함과 동의어가 아니다. 즐거움은 잠시 생겨났다 사라지는 쾌락도 아니다. 즐거움은 일종의 '원리'로 이해되어야 한다. 공자님의 유명한 말씀인 '知之者 不如好之者 好之者 不如樂之者'를 보자. 이는 도에 대한 설명으로, '아는 것은 좋아하느니만 못하고, 좋아하는 것은 즐기느니만 못하다'라는 말이다. 즐김이 얼마나 수준 높은 행위인지를 알려 준다.

'아하!' 하는 학의 깨달음(일종의 돈오頓悟)과 자신에게 그 깨달음이 차곡차곡 쌓여 가는 습의 느낌(일종의 점수漸修)은 인간이 느낄 수 있는 최상 수준의 즐거움이다. 운동을 즐기려면, 근육이 파열돼서 고통이 따르고, 새로운 근육이 생기는 그 지루하고 힘겨운 시간을 견뎌야 한다. 그 과정을 아는 사람은 학습에 대한 학습을 한 사람, 즉 낙지자(樂之者)다.

즐거움은 거기서 훨씬 더 나아간다. 고통이 성장과 연결되며, 그러므로 지금의 고통을 오히려 능동적으로 받아들일 때 생겨나는 항상적 수용성의 감정이다. 이런 수준에 도달하면, 즐거움의 힘은 강력해진다. 학습의 즐거움도 마찬가지다. 사회학자 엘스터는 쾌락에 대해서 '본질적으로 부산물인 상태'라고 규정한다. 즐거움은, 그것을 목적으로 삼는 것이 아니라 어떤 일에 몰입하고 집중할 때 부산물로 따라온다는 말이다. 마약과 담배 같은 중독성이 있는 상품은 그자체가 즐거움을 목적으로 제공되는 것으로, 쾌락의 지수로 보았을 때 굉장히 강렬하지만 기간이 짧다. 하지만 노동과 학습은 초반에는 즐기는 강도가 낮다가, 점차 오르기 시작해서 담배나 마약 같은 중독성 있는 것들보다 결국은 더 높이 올라가고 그리고 더 길게 지속된다.

위대한 성취를 이룬 사람들을 보자. 에디슨(Thomas Edison)에서 프루스트(Marcel Proust), 클림트(Gustav Klimt)에서 이응노(李應魯)에 이르기까지 학교에 다닐 기회를 박탈당한 사람들이 많다. 더불어 자신의 내적 에너지가 향하는 목표를 이루기 위해 고통을 감수한 사람들이다. 왜 이들은 더 학습에 대해 열정을 가지며, 결과적으로 학습을 잘하게 된 걸까? 왜 창조는 학교 바깥에서 시작되는가? 학습은 잉여 속에서 생겨나 강렬한 내적 에너지를 동반하며 놀이 속에서 자라나기 때문이다. 좋은 교육은, 뚜렷한 목표를 깃발로 세우지만, 그리로 가는 길에는 스스로 선택한 고통과 잉여가 가득하도록 돕는다. 인간이란, 잉여 속에서 창조하며, 놀이 속에서 가장 잘 배우는 존재다.

평생학습이라는
보석?!

배움의 역동과 희열

우리나라에서 대학생이 되는 나이는 대략 19세, 고등학교를 갓 졸업한 미성년의 나이다. 여전히 청소년기에 속하는 아이들은 입학금을 치르고, 시간표를 짜고, '드디어 놀기' 시작한다. 1학년은 해방구, 고등학교까지 억눌렀던 놀이 본능이 터져 나오는 시간이다. 아무도 공부하지 않는다. '대학'은 큰 학문의 시작을 알리지만, 공부를 하고자 하는 학습자들은 거의 없다.

'성인 학습자의 대학'인 방송통신대(이하 방송대)의 입학 양상은 사뭇 다르다. 신입생의 평균 나이는 44세. 80세의 고령 입학생도 있다. 학생들을 만나 보면, 너 나 할 것 없이 '드디어 공부하게 되었다'고 즐거워한다. 그간 한 맺혔던 공부를 마음껏 하게 되어 행복하다고 한다. 원격으로 알아서 공부해야 하는데, 객관식 시험까지 봐야 하는데, 공부를 싫어하는 학습자는 거의 없다.

무엇이 이런 차이를 만들었을까? '자발성'이다. 원해서 하는가, 그렇지 않은가. 그 하나의 차이가 엄청난 결과의 차이를 낳는다. 우리나라의 '문화'라는 차원에서 보면, 당연히 전자가 우세하다. 방송대의 학생들도, 입학 당시 주변의 반응은 '의아함'이었다고 말한다. "공부가 그렇게 좋냐, 그 나이에 뭐 하겠다고 대학에 들어가느냐, 참 피곤하게 산다…" 이런 반응이 주를 이룬단다. 학교에서의 강제적 학습이라는 기억 때문일 거다. 하지만 시간이 조금 더 지나면, 사람들의 반응은 경탄으로 바뀐단다. "와, 너 보기보다 질기다, 공부 체질이었나 보네, 대단한데!" 등등….

자발적으로 입학해서 공부하는 사람들의 이야기를 들어 보면, 학습보다 더 즐거운 일은 없다. 왜 진작 입학하지 않았는지 후회된다, 공부하다 보면 시간이 어떻게 갔는지 모른다, 방송대에 입학한 것이 인생에서 가장 잘한 선택 같다는 말이 끝없이 이어진다. 학교생활은 몰입의 시간이고, 뿌듯함의 순간들이다. 물론 이들도 처음부터 그랬던 것은 아니다. 공부에 한이 맺혀 시작한 많은 학생들은, 처음에는 포기하려고 했지만, '버티다 보니' 점차 재미가 생겨났고, 이제는 그 몰입의 쾌감 없이는 지내기 어려울 것 같다고 이야기한다. 그래서 방송대에는 일본학과를 졸업하고 교육학과에 편입한 후 문화교양학과, 관광학과를 두루 거쳐 대여섯 개의 학위를 취득하는 '방송대 마니아들'이 적지 않다.

방송대라는 경계의 안과 밖, 정확히 말하자면 배움의 경험의 유무에 따라 전혀 다른 목소리가 나오는 것이다. 왜 이렇게 다른 평가를 하게 된 걸까? 한마디로 배움의 본질을, 그 학습의 희열을 체험했기 때문이다. 배운다는 것은 외부의 지식을 자신의 것으로 통합해 내는 '몰입'의 과정이며, 그 과정을 통해 자아가 확장되는 '희열'의 과정이다. 배움에는 존재가 변화하는 기쁨이 따른다. 배우면 배울수록, 의식이 무의식의 영역을 제어하고 풍부화되어, 더욱 삶의 주체가 되어 가기 때문이다. 그래서 한번 배움의 즐거움을 접하면, 그것을 놓을 수 없다. 존재와 결합된 기쁨이기 때문이다.

뭔가 즐겁게 배웠던 어느 때를 떠올려 보자. 집중과 몰입의 순간이 있었을 것이다. 감동하면서 노래를 배웠고, 흙집이 만들고 싶어 건축 기술을 배웠을 것이다. 시간이 순식간에 지나가고, 내면의 충만함이 차오르는 것이 느껴졌을지도 모른다. 배움은 그렇게 내면의 역동을 만드는 과정이다. 배우려고 하는 순간, 우리 인간의 내면은 순진하게 열린다. 자만하던 자아의 벽은 엷어지고, 외부의 가치가 내면으로 들어온다. 그렇게 해서 배움은 내면의 지평을 넓히고, 자신을 겸허히 하는 과정을 수반한다.

"겉보기에 아무것도 하지 않을 때보다 더 많은 활동을 하는 때는 없으며, 홀로 고독에 빠져 있을 때만큼 덜 외로운 때도 없다."

다시 말해, 배움은 내적으로 역동적인 상태이며, 잘 배우면 앎이 주는 고유의 희열이 마음에 차오른다. 그런데 우리 사회에서 "학습이 즐겁다"고 말하기는 쉽지 않다. 묘한 '잘난 척'이 되기 때문이다. 왜 그럴까? 상당히 많은 사람들이 '배움의 전당'인 학교에서 상처를 받았기 때문이다. 몰라서 배우러 왔는데, 이것도 모르느냐고 구박을 받았다. 알고 싶어서 물었으나, 가차 없이 비난을 받고 심지어 맞기도 했다. 감동과 몰입은커녕 평가와 처벌의 시간만 가득했다. '배움의 전당'에서 상처를 받으니, '배움'은 쓰라린 어떤 것이 되었다. 게다가 이런 상처는 자아에 낸 생채기라, 쉽게 아물지 않는다. 당연히, 배움이라는 말 자체가 싫어진다. 배움이 즐겁다는 말을 쓰기는 쉽지 않은 것이다.

하지만 인생은 길다! 앞서 방송대의 학습자를 이야기했지만, 즐거운 성인 학습자의 사례는 학교 밖에서 더욱 차고 넘친다. 창신동의 한 모임에서는 마을 라디오를 만들고, 평생 봉제 일을 해 온 아주머니가 주인공이 되어 글을 쓰고 노래를 하고 봉사를 하면서 "내 인생에 이런 즐거움은 처음"이라며 배움 활동들을 전개한다. 안양의 한 마을에서는 엄마들이 모여 아이 돌보기를 품앗이하면서 육아 공부를 하다가 작은 학교를 만든다. 사이버상의 한 모임에서는 개인 방송을 통해 할머니와 손녀가 대화를 나누며 세대에 대한 이해를 넓힌다. 친구들끼리의 모임에서 나온 미투 주제 덕에, 젠더모임이 결성되어 페미니즘 책 읽기를 시작하기도 한다. 다만 이 활동을 배움, 혹은 평생학습이라 칭하지 않을 뿐이다.

이렇게 보면, 한편으로는 배움이 아닌 것을 배움이라고 칭하면서 배척하고, 다른 한편으로는 배우면서도 배움이라 명명하지 못하고 있는 셈이다. 평생교육은 이런 상황에 대한 문제의식에서 등장한 말이다. 사실 평생교육이라는 말을 들으면, 평생 뭔가 배우지 않으면 안 되는 디스토피아가 떠오른다. 학교로도 충분히 괴로웠는데 평생 공부를 하라고? 하지만 평생교육의 메시지는 그게 아니다. 학교로 인해 잃어버린 배움의 본질, 인간의 삶에 이미 녹아 있는 배움의 즐거움을 다시 찾자는 것이다. 이미 전개되고 있는 성인들의 즐거운 교육론, 안드라고지를 살펴보자는 것이다. 배움을 배움이라 부르자는, 배움의 추동력을 마비시키는 제도적 폭력들을 학교 밖 학습사회가 함께 제거해 보자는 제안이다.

배움을 위한 독립선언, 평생학습

그러면 어디에서 시작할 것인가. 한번 생각해 보자. 아주 어릴 적,

우리는 어떻게 말을 배웠을까? 칭찬을 통해서였다. 물론 아기가 태어나면, 엄마는 수도 없이 같은 말을 반복한다. 수만 번의 '엄마', 수천 번의 '맘마'를 들은 후에, 아기는 겨우 '음… 마' 정도의 소리를 내뱉는다. 중요한 것은 반복이 아니라 그에 대한 주변의 반응이다. 아기는 실수로 소리를 냈을 뿐인데, '음마'라는 말끄트머리에 경탄과 환호가 이어진다. 아이의 말은 곧 맘마는 엄마로, 빠빠는 아빠로 이어진다. 칭찬과 격려가 배움을 이어 가게 해 주는 것이다.

다른 방식으로 생각해 보자. 우리는 어떨 때 배우지 않는가? 개입당할 때이다. 자아 감각이 생겨나는 세 살 무렵이 되면 아이는 '싫어!'라는 말을 입에 달고 산다. 조금 더 커서 사춘기가 되면, 부모가 조금이라도 관여하려는 낌새만 보여도, 그 일은 안 하겠다고 빙퉁그러진다. 문제로 볼 일이 아니다. 자기의 주체성을 침해하는 배움은 거부하겠다는 멋진 독립선언이다. 자기가 배움의 주인이라는 것이다. 그렇게 도전하고 거부하고 실패하는 배움이 인간 배움의 핵심이다.

사람들이 주체성을 가져 나가도록 돕고 칭찬하는 것. 이것이 시작 지점의 자세일 것이다. 앞서 말했듯, 들로르 보고서(Delors Report)에서는 '평생학습의 네 가지 기둥'을 제시한다. 알기 위한 배움, 일하기 위한 배움, 함께 살아가기 위한 배움, 그리고 존재하기 위한

배움이 그것이다. 한편으로 각 기둥은 '학교-직업-시민사회-가정'
과 같은 영역으로 구분될 만큼 큰 차이를 가지는 것이지만, 다른
한편으로 이 기둥들은 뫼비우스의 띠처럼 이어지면서 최종적으
로는 존재하기 위한 배움으로 나아간다. 존재하기 위한 배움은 존
재하는 방식을 배우는 것이기도 해서, 자신을 제대로 인정하는 과
정이기도 하다. 배우는 것이 일상이고, 일상이 제대로 배우는 공
간이 되는 그런 학습사회를 지금, 여기서 만들어 보자는 것이다.

> "배운다는 것은 정련된 지식이나 정보를 암기하거나 내면화하
> 는 것이 아니라, 보편적 관계들과 이 관계들에 상응하는 독특성
> 들 안으로 침투하는 것이다."

평생교육학자가 아니라 철학자 들뢰즈(Gilles Deleuze)가 제시한
배움에 대한 재정의다(들뢰즈, 2004: 371). 결국, 우리는 우리에게 익숙
한 배움에서 떠나, 새로운 배움의 개념으로 나아가야 한다. 학교
에서 떠나 일상으로 나아가고, 자신의 내면과 더불어 세계의 짜임
이 바꾸는 일을 해 보야 한다. 그리고 칭찬해야 한다. 배움은 나
뿐 아니라 세계를 다르게 만들어 가는 역동적인 직조의 과정이기
때문이다.
　에서의 그림 하나를 보자. 손이 손을 그리고 있다. 그래서 그리

　배움의 독립선언, 평생학습

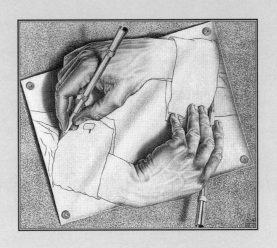

에셔(Maurits Cornelis Escher)의

「드로잉 핸즈(Drawing Hands)」(1948)

는 손이 그린 손을 바꾸면 다시 그리는 손이 바뀐다. 우리는 아무 개로서 산다고 생각한다. 하지만 존재는 '이미 있음'이라거나 '그냥 있음'이 아니라, 끊임없이 스스로 그려 가고 그렇게 해서 새롭게 그려지는 과정 중에 있는 '어떤 있음'이다. 존재는 계속적인 합성의 과정이다. 어떻게 합성하는가? 배움을 통해서이다. 배움은 어떻게 가능한가? 내가 배우기 때문이다. 제대로 배우는 사람들은 자기가 접한 대상을 신비로운 상형문자처럼 대한다. 대상과의 매번의 마주침을 새롭고 다시 봐야 할 것으로 여긴다.

사실 많은 평생교육사업들이 기존의 교육사업 틀 안에서 진행되고 있으며 평생학습에 대한 논의 또한 충분히 깊지 못한 상태이다. 하지만 배움의 기쁨에 주목한 상당수의 성인들이 이미 소외된 학습의 경험을 떨구고 새로운 학습생태를 만들어 가고 있다. 학습 동아리를 만들고, 학습 마을을 꾸리고, 학습 집단을 구성하면서, 새로운 존재를 구현하는 배움을 진행하고 있다. 학교 밖 일상에서, '진짜 배움'의 보석을 건져 올리고 있는 것이다. 지금 그 '배움이라는 내면의 보석(Learning the treasure within)'에 주목하지 않으면, 우리의 미래는 답답하고 암울한 정태적 상태가 될 것 같다. 평생학습은, 손을 그리는 손, 그가 잡은 펜일 것이기 때문이다.

배움의 독립선언, 평생학습

따로
또 같이

인간은 의미를 먹고 산다

원숭이에게 막대기를 주면 그 막대기를 이용해 그물막 건너편의 먹을 것을 집어 올 줄 안다. 도구를 사용하는 거다. 벌들은 수십 킬로 떨어진 곳에서 꿀을 따 오고 이를 다른 벌들에게 춤으로 알려 준다. 소통을 하는 거다. 그런데 어떤 존재도 '내가 그 일을 한다'는 의식은 없다. 그저 먹고 싶다는 본능이 일으킨 능력들일 뿐이다. 사실 인간도 근대사회에 들어서기 전에는 그러했다. 주어진 일들을 먹고살기 위해서 했을 뿐 그게 꼭 '나'여야 했던 건 아니다.

근대사회에 들어오면서 인간은 세상에 내놓인 모든 것 가운데 처음으로 '나'를 인식하기 시작했다. 나는 누군가, 나는 무엇을 위해 사는가. 일평생 짊어지고 가는 이 질문 때문에, 우리는 고통받고, 환희에 차고, 중독이 되고, 끝내 자살에도 이른다. 누군가에게 자존감을 훼손당하는 것보다는 삶을 끝내는 것이 낫다고까지 여길 수 있는, 자살로 자기 삶을 종식시킬 수 있는 '인식'의 존재. 그래서 니체는 "매일의 역사를 만들라"고 말하기도 했다. "지금 이 인생을 다시 한 번 완전히 똑같이 살아도 좋다는 마음"이 들게끔, 자신의 삶을 인식하며 살라는 거다. 이렇게, 인간은 의미를 먹고 살며, 무의미에 좌절한다.

또 인간은, 세상에 내놓인 모든 존재 가운데 '타인의 인정'을 지극히도 추구하는 존재다. '나'의 존재 증명은 '너'에 의해 이루어진다. 아이들은 부모의 인정을 받으며 자의식을 갖추고, 선생님의 인정 속에서 자부심을 얻는다. 친구들의 인정 속에서 행복하고, 후배들의 인정으로 품위를 배운다. 타자가 없다면 자아는 사라진다. 그래서 인간은, 다른 사람과 더불어 반드시 사회를 만들며 살아간다.

인간 행복의 조건, 따로 또 같이

따로, 때로는 같이. 이것이 인간 행복의 조건이다. '나'는 나의 공

배움의 독립선언, 평생학습

간을 필요로 하고, 다른 사람과는 사뭇 다른 '나다움'을 찾는다. 주부에게 부엌이나 안방과 구분되는 다른 독립적 공간을 주면, 행복 지수가 상승한다. 청소년기에 독립된 공간은 사색과 상상을 가능하게 해 준다. 그 안에서 '나'가 성장한다. 개별화야말로 인생의 과제인 거다.

그러나 그런 '나다움'을 받쳐 주는 단단한 지반은 반드시 다른 사람이 만들어 주어야 한다. 결코 나 혼자 만들 수 없다. 고독은 종종 외로움의 구덩이에 빠진다. 어린 시절, 어른들의 믿음과 배려 위에서 '안전하게' 자란 사람들만이 고독을 '즐길' 수 있다. 누군가가 나를 음해하거나 미워할지도 모른다는 공포 가득한 피해 의식 속에서는 고독이 고통이 된다. 함께하는 타자가 행복의 조건인 것이다. 사회심리학에서는 '함께'의 희열을 느끼는 순간에 인간은 자아가 확장되는 느낌을 가지며 큰 행복감에 젖는다고 말한다. 월드컵의 환호, 야구장의 함성, 줄다리기의 역동. 그런 순간을 생각해 보자. 함께 함성을 지르는 순간에 자아는 수많은 자아로 확장된다. '안전한 함께'가 보장되기 때문이다. 인간은 항상 함께 속에서 진정한 환희에 젖기 마련이다.

이런 '따로, 때로는 함께'는 쉽지 않다. 너무나 빠른 소통의 속도, 인터넷의 보이지 않는 순환이 개입한다. 우리 삶을 보자. 눈을 뜨면 혼자 하루를 시작해야 하지만, 메신저와 홈피의 뉴스가 개입한다. 산책을 하며 명상을 하려고 했지만 팟캐스트를 듣게 된다. 아침부터 밤까지 메신저가 개입하여 '나'의 고독에 들일 수 있는 시간은 줄어드는 것이다.

다른 사람과 만나도 그 사람과 나 사이에 메신저의 타인이 개입한다. 충분한 슬픔이나 공감을 하기 어려운 산만함이 우리의 환경인 셈이다. 게다가 학교에서 직업에 이르는 성취와 경쟁의 관계망 속에서 '너'의 인정은 사라진다. '너'라는 사람이 아니라 '스펙'이라는 결과물만이 남는다. 스펙이 고독의 시간을 뚫고 들어온다. 사색과 취향, 함께의 즐거움이 사라지는 거다.

이런 상황이 우리 교육이 처한 현실이다. '나와 너의 행복'을 위해 시작된 교육은 '나와 너의 역량 강화'라는 슬로건 아래로 숨어버렸다. 성인이 되어서도 학습은 '나'와 '너'를 보살피기 위해서가 아니라 '내'가 '너'를 이기기 위해 진행되는 것이다. 그러면 어찌할 것인가? 이 빠름의 기술 속에서 어떻게 '따로 또 같이'를 구현할 수 있을까?

공환성을 통한 따로, 또 같이

실현되기 쉽지는 않지만 그간 모색이 없었던 것은 아니다. 이미

배움의 독립선언, 평생학습

1970년대부터 일리치는 '공환성(conviviality)'을 이야기했다. 공환이란 함께(共) 환희에 차 기뻐하는(歡) 상태를 말한다. 자본주의, 산업사회, 계급사회와 같은 근대화의 종착지에서는 '함께'를 배제한다. 개인 간의 경쟁과 차별이 사회관계의 기반이기 때문이다. 우리에게 익숙한 이런 사회의 코드를 바꾸기 위해, 일리치는 '따로 또 같이'를 가능하게 하는 '공생의 도구'로 세 가지를 제시한다. 시, 자전거, 도서관이다.

> 인간은 기본적으로 시인이며 시적 능력을 가지고 있다. 근대사회로 오면서 이 시적 능력, 자율적 능력이 퇴화했다. 배움이 교육으로 대체되면서 시적 정서가 사라지기 시작했다. 자전거는 속도의 한계, 인간 교통수단의 한계를 의미하고, 도서관은 배움이 가능한 공간으로서 의미를 가지고 있다.

일리치(1978)는 산업사회의 제도가 인간의 공환적 본성을 침해했다고 본다. 학교가, 대중교통수단이, 병원이 정서를 피폐화했다는 것이다. 이에 대응하는 같이 살아가고 같이 즐거움을 누리는 도구가 시, 도서관, 자전거라는 것이다.

소설이 아니고 시, 학교가 아니라 도서관, 기차가 아니라 자전거. 잠시만 비교해 봐도 그 특징은 잘 드러난다.

시는 소설과 달리 은유와 웅축, 전치와 대유로 가득 차 있다. 시는 논리를 뛰어넘고, 이야기 서사를 격파한다. 근대사회의 조직 논리와 반대다. 그래서 시를 좋아하는 사람은 합리적이지 않고, 다분히 현실감각이 떨어지는 사람으로 간주되어 왔다. 인생과 삶을 고민하다 보면 먹고살기가 곤궁해진다는 거다. 그래서 시인의 이미지는 골방에서 배를 곯고 있는 창백한 환자에 가깝다.

바로 그런 이유로, 인간이 삶에 대해 질문을 던지는 한, 시는 유지되어 왔다. 시는 정해진 방향이 없이 느닷없이 인생의 핵심 문제를 건드린다. 끊임없이 '너는 누구냐, 왜 사느냐, 인생은 무엇이냐?'를 묻는다. 존재의 아름다움을 역설과 전치 속에서 드러내 준다. 시는 언제나 생명의 중심점을 겨냥하기 때문이다. 잠시 김시종의 시 일부를 보자.

지울 수 없는 여름도 있는 것이다.
계속되는 기다림의 끝 그 안간힘이
멀쩡한 나의 정신을 끊임없이 거슬리게 하는
그의 적반하장이
질리지도 않는지 여전히 강한 척하면 할수록
나의 체념도 안색을 바꾸어 입을 삐죽거린다.
아직도 여름은 욱신거림 속에 있는 거라며

나는 마구 분별을 잃어 간다.

「기다릴 것도 없는 8월이라며」 중에서

견디기 힘든 더위 속에서 시인은 여름의 목소리를 듣는다. 끈질기게 계속되는 폭염 속, 그 여름에 일어났던 수치심이 되새겨질 때마다 시인은 분별을 잃는다. 그것은 삶의 목소리이고 잊을 수 없는 어떤 것이다. 시인은 누구나 겪는 여름의 후텁지근함 속에서 배신과 적반하장의 순간을 떠올리고, 온몸이 욱신거렸던 경험과 차마 체념도 하지 못했던 자신의 한계를 고백한다. 여름의 한 장면에서 인생을 읽어 내는 것. 이것이 시인이 '존재'로 곧바로 진입하는 능력이며, 어떤 산업적 논리로도 격파될 수 없는 힘이다. 시는 언어에 잠겨 있던 존재를 뚫고 들어가는, '언어에 맞서는 언어'다.

또한 시는 개인을 넘어 집단으로 나아간다. 시는 '낭송'되면서 사람들을 함께 묶어 내기 때문이다. 공간에 퍼지는 구절들을 들으며, 사람들은 자신의 경험이 타인의 경험과 맞물리는 경탄을 하게 된다. 단어 하나가 감정을 들추고, 조사 하나에 마음이 꺾인다. 시낭송을 듣는 사람들은 각각 자신의 존재로 들어가 살아온 그림자들을 되짚는다. 시는 한 명 한 명을 따로 호출하지만 함께 인생을 논하게 한다. 그래서 누구나 시인이 될 수 있고, 누구나 시를 향유할 수 있다. 따로 또 함께다.

도서관도 마찬가지다. 지식은 여기저기 펼쳐져 있지만 어떤 책을 선택하는가는 개인에게 달려 있다. 학교는 교실에 들어선 모든 학생들에게 지식을 일방향적으로 전달한다. 학생들은 의무를 가지고 수업에 들어갈 뿐, 앎에 대한 갈구는 없다. 대부분의 수업이 그러하다. 설명하는 선생이 있을 뿐, 듣는 학생은 소수다. 학습 욕구가 없으니 '함께하는 교육'도 불가능하다.

도서관은 다르다. 도서관에 들어선 사람들은 자신이 원하는 책을 찾는다. 수준이 높건 낮건, 주제가 어떤 것이건, 그 다양성 속에서 찾는 건 '나의 관심'이다. 지식을 전달받으러 가는 것이 아니다. 나의 관심을 좀 더 깊게 만들어 가고, 원하는 지식의 형체를 분명하게 형성해 보고자 가는 거다. 그래서 도서관은 많을수록, 다양할수록, 매력적일수록 좋다. 공공 도서관에서 마을의 작은 도서관에 이르기까지, 걸어갈 만한 거리에 자신의 지적 세계를 확장시킬 공간이 있다는 것은 행운이다. 그곳에서는 '나'들의 지적 욕구가 살아난다. '따로' 그러나 또 '같이'가 가능한 공간인 것이다.

일리치가 제시한 세 번째 도구, 자전거도 마찬가지다. 기차와 비교하면 그 차이는 분명하다. 기차는 학교처럼 대중적이다. 일방향적이고 대규모 수송이 가능하며, 획일적이고 빠르다. 하지만 빠르면 빠를수록, 규모가 크면 클수록, 주변을 돌아볼 여지가 없다. 여정이 없다.

배움의 독립선언, 평생학습

자전거는 이와 다르다. 도서관이 개인에게 선택의 폭을 넓게 제공하는 것처럼, 자전거도 개인의 여정을 충분히 허용한다. 속도도, 경로도 개인이 정하며, 원하는 공간에 멈춰 서는 것이 자신의 여행의 기록이 된다.

걷기처럼, 자전거는 가끔 멈추어 설 수밖에 없는 이동 수단이다. 멈추어 서면 주변이 내면으로 들어온다. 정확히 말하자면, 멈추어 서야 주변을 찬찬히 볼 수 있다. 나를 둘러싼 환경은 KTX의 속도로는 제대로 볼 수 없다. 목적지에 도달하는 것은 목적이 아니다. 여정의 일부일 뿐이다. 그래서 자전거의 속도는 '지속가능 발전'의 속도다. 자본주의의 축적이나 산업의 본능적 에너지 낭비와 거리가 멀다. '나'의 땀 흘림이 '함께'의 즐거움으로 이어지는 몇 안 되는 이동 수단이다.

평생학습은 '함께 동시에 따로'

시, 도서관, 그리고 자전거는 '따로 또 같이'를 가능하게 하는 수단들이다. 하지만 수십 년의 시간이 지나도록, 일리치가 제시한 이 '공생의 도구들'은 늘 주변부에 머물러 왔다. 사람들이 원하는 바는 더 빠르고, 더 쉽고, 더 간단한 것들이기 때문이다. 자본과 소비, 산업과 효율은 머무르고 사유하고 주변을 돌아볼 시간을 허용하지 않는다.

그러면 어떻게 할 것인가? 하나의 방법이 평생학습이다. 새로운 학습의 장에 가면, 성인이라고 해도, 학습자들은 기존의 상식과 다른 지식을 습득하게 된다. '배움'은 현재를 변화시키는 거의 유일한 활동이다. 개인이 뭔가 배우는 장면을 생각해 보자. '요리'나 '라틴어'를 배우지만, 거기에는 특정한 맥락이 작동하고 있다. 백종원의 등장으로 '요섹남(요리하는 섹시한 남자)'이 등장한 시대가 작동할 수 있으며, 영어가 아닌 라틴어를 선택한다는 것은 한국 사회의 지적 지형도가 달라지고 있음을 말해 준다. 즉, 학습의 주체는 개인 학습자처럼 보이지만, 학습자 개인은 언제나 문화에 맞물려 있으며, 문화는 사회상을 반영하는 것이다.

거꾸로 말하면 특정한 교육의 장이 열린다는 것은 문화가 창출되는 장면일 수 있다. '자서전 쓰기' 프로그램이 확산되는 것은 '자신에 대한 성찰' 욕구가 늘어남을 말한다. 이것은 동시에 사회에서 요구되는 능력과는 다른, '나의 목소리'를 찾고자 하는 사회로의 이동을 의미한다. 평생학습은 성찰과 협력, 치유와 배려의 경험을 제공하고 이를 확산할 수 있는 중요한 장인 것이다.

시를 사랑하고, 자전거로 도서관을 다니며 자기 나름의, 자기만의 지식을 가꾸어 나가는 장면이야말로 평생학습사회의 모습이다. 이런 사회를 이루어 가는 능동적 힘이 평생학습이다. 평생학습은 기존 문화의 지배를 받는 것이 아니라 새로운 문화를 창출하면서 사회를 변화시킨다. 상품이나 자본의 시각으로 인간을 규정하는 자기계발 담론이 기존 문화에 의한 개인의 잠식이라면, 개인의 고유성과 온전성에 주목하여 함께하는 문화를 만들어 나가는 평생학습 담론은 개인에 의한 사회의 창조를 보여 준다. 삶이 학습이고 학습이 삶이 되도록 노력하는 일은, 그래서 함께 개별성을 추구하는 일이고, 사회를 움직이게 만드는 힘이다.

참고 문헌

고제규(2019). 20대 남자 현상 왜 생겼나. **시사IN** 606호.

김신일(2020). **학습사회**. 학이시습.

대니얼 레빈슨. 김애순 옮김(2007). **남자가 겪는 인생의 사계절**. 이화여자대학교출판
　　문화원.

미셸 푸코. 오생근 옮김(2016). **감시와 처벌**. 나남.

미셸 푸코. 이규현 옮김(2012). **말과 사물**. 민음사.

바버라 스트로치. 김미선 옮김(2011). **가장 뛰어난 중년의 뇌**. 해나무.

하르트무트 라데볼트, 힐데가르트 라데볼트. 유영미 옮김(2012). **인생의 재발견: 내
　　인생의 마지막 터닝포인트를 위하여**. RHK.

신영복(2015). 담론. 돌베개.

아사다 아키라. 이정우 옮김(1995). **구조주의와 포스트구조주의**. 새길.

알랭 드 보통. 정미나 옮김(2013). **인생학교: 섹스**. 쌤앤파커스.

알랭 바디우. 조형준 옮김(2013). **존재와 사건**. 새물결.

요한 하위징아. 이종인 옮김(2018). **호모루덴스**. 연암서가.

움베르토 마투라나, 프란시스코 바렐라. 최호영 옮김(1987). **앎의 나무**. 갈무리.

이반 일리치. 박홍규 옮김(1978). **공생의 사회**. 분도출판사.

자크 랑시에르. 양창렬 옮김(2008). **무지한 스승**. 궁리출판.

조화태(2012). 자기교육의 개념화. **평생학습사회**, 8(3), 1-33.

존 듀이. 강윤중 옮김(2018). **경험과 교육**. 배영사.

제레미 홈즈. 이경숙 옮김(2005). **존 볼비와 애착이론**. 학지사.

질 들뢰즈. 김상환 옮김(2004). **차이와 반복**. 민음사.

토머스 쿤. 김명자, 홍성욱 옮김(1962). **과학혁명의 구조**. 까치글방.

파울로 프레이리. 성찬성 옮김(1997). **페다고지: 억눌린 자를 위한 교육**. 한마당.

파커 J. 파머. 이종인 옮김(2008). **가르칠 수 있는 용기**. 한문화.

Baltes, P. B.(1987). Theoretical propositiona of life-span developmental psychology. *Developmental Psychology 23(5)*, 611-630.

Delors, J.(1996). *Learning: The treasure within*. UNESCO: Paris.

Gelphi, E.(1985), *Lifelong education and international relation*, London: Croom Helm.

Greenberg, L. S.; Johnson, S.(1988). *Emotionally focused therapy for couples*. New York: Guilford Press.

Lengrand, P.(1970). *An introduction to lifelong education*. UNESCO: Paris.

Sternberg, R. J.(1986). A triangular theory of love. *Psychological Review, 93*,

삶의 행복을 꿈꾸는 교육은 어디에서 오는가?

교육혁명을 앞당기는 배움책 이야기 혁신교육의 철학과 잉걸진 미래를 만나다!

한국교육연구네트워크 총서

01 핀란드 교육혁명
한국교육연구네트워크 엮음 | 320쪽 | 값 15,000원

02 일제고사를 넘어서
한국교육연구네트워크 엮음 | 284쪽 | 값 13,000원

03 새로운 사회를 여는 교육혁명
한국교육연구네트워크 엮음 | 380쪽 | 값 17,000원

04 교장제도 혁명
한국교육연구네트워크 엮음 | 268쪽 | 값 14,000원

05 새로운 사회를 여는 교육자치 혁명
한국교육연구네트워크 엮음 | 312쪽 | 값 15,000원

06 혁신학교에 대한 교육학적 성찰
한국교육연구네트워크 엮음 | 308쪽 | 값 15,000원

07 진보주의 교육의 세계적 동향
한국교육연구네트워크 엮음 | 324쪽 | 값 17,000원
2018 세종도서 학술부문

08 더 나은 세상을 위한 학교혁명
한국교육연구네트워크 엮음 | 404쪽 | 값 21,000원
2018 세종도서 교양부문

09 비판적 실천을 위한 교육학
이윤미 외 지음 | 448쪽 | 값 23,000원
2019 세종도서 학술부문

10 마을교육공동체운동:
세계적 동향과 전망
심성보 외 지음 | 376쪽 | 값 18,000원

한국교육연구네트워크 번역 총서

01 프레이리와 교육
존 엘리아스 지음 | 한국교육연구네트워크 옮김
276쪽 | 값 14,000원

02 교육은 사회를 바꿀 수 있을까?
마이클 애플 지음 | 강희룡·김선우·박원순·이형빈 옮김
356쪽 | 값 16,000원

03 비판적 페다고지는
세상을 변화시킬 수 있는가?
Seewha Cho 지음 | 심성보·조시화 옮김 | 280쪽 | 값 14,000원

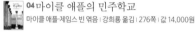
04 마이클 애플의 민주학교
마이클 애플·제임스 빈 엮음 | 강희룡 옮김 | 276쪽 | 값 14,000원

05 21세기 교육과 민주주의
넬 나딩스 지음 | 심성보 옮김 | 392쪽 | 값 18,000원

06 세계교육개혁:
민영화 우선인가 공적 투자 강화인가?
린다 달링-해먼드 외 지음 | 심성보 외 옮김 | 408쪽 | 값 21,000원

07 콩도르세, 공교육에 관한 다섯 논문
니콜라 드 콩도르세 지음 | 이주환 옮김 | 300쪽 | 값 16,000원
2019 세종도서 학술부문

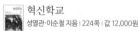
혁신학교
성열관·이순철 지음 | 224쪽 | 값 12,000원

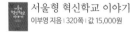
행복한 혁신학교 만들기
초등교육과정연구모임 지음 | 264쪽 | 값 13,000원

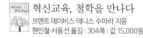
서울형 혁신학교 이야기
이부영 지음 | 320쪽 | 값 15,000원

혁신교육, 철학을 만나다
브렌트 데이비스·데니스 수마라 지음
현인철·서용선 옮김 | 304쪽 | 값 15,000원

대한민국 교사, 어떻게 가르칠 것인가?
윤성관 지음 | 320쪽 | 값 15,000원

아이들을 어떻게 가르칠 것인가
사토 마나부 지음 | 박찬영 옮김 | 232쪽 | 값 13,000원

모두를 위한 국제이해교육
한국국제이해교육학회 지음 | 364쪽 | 값 16,000원

경쟁을 넘어 발달 교육으로
현광일 지음 | 288쪽 | 값 14,000원

● 비고츠키 선집 시리즈 발달과 협력의 교육학 어떻게 읽을 것인가?

 생각과 말
레프 세묘노비치 비고츠키 지음
배희철·김용호·D. 켈로그 옮김 | 690쪽 | 값 33,000원

 도구와 기호
비고츠키·루리야 지음 | 비고츠키 연구회 옮김
336쪽 | 값 16,000원

 어린이 자기행동숙달의 역사와 발달 I
L.S. 비고츠키 지음 | 비고츠키 연구회 옮김
564쪽 | 값 28,000원

 어린이 자기행동숙달의 역사와 발달 II
L.S. 비고츠키 지음 | 비고츠키 연구회 옮김
552쪽 | 값 28,000원

 어린이의 상상과 창조
L.S. 비고츠키 지음 | 비고츠키 연구회 옮김
280쪽 | 값 15,000원

 비고츠키와 인지 발달의 비밀
A.R. 루리야 지음 | 배희철 옮김 | 280쪽 | 값 15,000원

 수업과 수업 사이
비고츠키 연구회 지음 | 196쪽 | 값 12,000원

 비고츠키의 발달교육이란 무엇인가?
비고츠키교육학실천연구모임 지음 | 412쪽 | 값 21,000원

 **비고츠키 철학으로 본
핀란드 교육과정**
배희철 지음 | 456쪽 | 값 23,000원

 성장과 분화
L.S. 비고츠키 지음 | 비고츠키 연구회 옮김
308쪽 | 값 15,000원

 연령과 위기
L.S. 비고츠키 지음 | 비고츠키 연구회 옮김
336쪽 | 값 17,000원

 의식과 숙달
L.S 비고츠키 지음 | 비고츠키 연구회 옮김
348쪽 | 값 17,000원

 분열과 사랑
L.S. 비고츠키 지음 | 비고츠키 연구회 옮김
260쪽 | 값 16,000원

 성애와 갈등
L.S. 비고츠키 지음 | 비고츠키 연구회 옮김
268쪽 | 값 17,000원

 관계의 교육학, 비고츠키
진보교육연구소 비고츠키교육학실천연구모임 지음
300쪽 | 값 15,000원

 비고츠키 생각과 말 쉽게 읽기
진보교육연구소 비고츠키교육학실천연구모임 지음
316쪽 | 값 15,000원

 교사와 부모를 위한 비고츠키 교육학
카르포프 지음 | 실천교사번역팀 옮김 | 308쪽 | 값 15,000원

 혁신교육 존 듀이에게 묻다
서용선 지음 | 292쪽 | 값 14,000원

 다시 읽는 조선 교육사
이만규 지음 | 750쪽 | 값 33,000원

 대한민국 교육혁명
교육혁명공동행동 연구위원회 지음 | 224쪽 | 값 12,000원

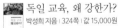 **독일 교육, 왜 강한가?**
박성희 지음 | 324쪽 | 값 15,000원

 핀란드 교육의 기적
한넬레 니에미 외 엮음 | 장수명 외 옮김 | 456쪽 | 값 23,000원

 한국 교육의 현실과 전망
심성보 지음 | 724쪽 | 값 35,000원

4·16, 질문이 있는 교실 마주이야기 통합수업으로 혁신교육과정을 재구성하다!

 통하는 공부
김태호·김형우·이경석·심우근·허진만 지음
324쪽 | 값 19,000원

 미래교육의 열쇠, 창의적 문화교육
심광현·노명우·강정석 지음 | 368쪽 | 값 16,000원

 내일 수업 어떻게 하지?
아이함께 지음 | 300쪽 | 값 15,000원
2015 세종도서 교양부문

 주제통합수업, 아이들을 수업의 주인공으로!
이윤미 외 지음 | 392쪽 | 값 17,000원

 인간 회복의 교육
성래운 지음 | 260쪽 | 값 13,000원

 수업과 교육의 지평을 확장하는 수업 비평
윤양수 지음 | 316쪽 | 값 15,000원
2014 문화체육관광부 우수교양도서

 교과서 너머 교육과정 마주하기
이윤미 외 지음 | 368쪽 | 값 17,000원

 교사, 선생이 되다
김태은 외 지음 | 260쪽 | 값 13,000원

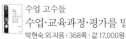 수업 고수들
수업·교육과정·평가를 말하다
박현숙 외 지음 | 368쪽 | 값 17,000원

 교사의 전문성, 어떻게 만들어지나
국제교원노조연맹 보고서 | 김석규 옮김 | 392쪽 | 값 17,000원

 도덕 수업, 책으로 묻고 윤리로 답하다
울산도덕교사모임 지음 | 320쪽 | 값 15,000원

 수업의 정치
윤양수·원종희·장군 지음 | 280쪽 | 값 14,000원

 체육 교사, 수업을 말하다
전용진 지음 | 304쪽 | 값 15,000원

 학교협동조합,
현장체험학습과 마을교육공동체를 잇다
주수원 외 지음 | 296쪽 | 값 15,000원

 교실을 위한 프레이리
아이러 쇼어 엮음 | 사람대사람 옮김 | 412쪽 | 값 18,000원

 거꾸로 교실,
잠자는 아이들을 깨우는 수업의 비밀
이민경 지음 | 280쪽 | 값 14,000원

 마을교육공동체란 무엇인가?
서용선 외 지음 | 360쪽 | 값 17,000원

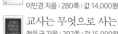 교사는 무엇으로 사는가
정은균 지음 | 292쪽 | 값 15,000원

 교사, 학교를 바꾸다
정진화 지음 | 372쪽 | 값 17,000원

 마음의 힘을 기르는 감성수업
조선미 외 지음 | 300쪽 | 값 15,000원

 함께 배움
학생 주도 배움 중심 수업 이렇게 한다
니시카와 준 지음 | 백경석 옮김 | 280쪽 | 값 15,000원

 작은 학교 아이들
지경준 엮음 | 376쪽 | 값 17,000원

 공교육은 왜?
홍섭근 지음 | 352쪽 | 값 16,000원

 아이들의 배움은 어떻게 깊어지는가
이시이 쥰지 지음 | 방지현·이창희 옮김 | 200쪽 | 값 11,000원

 자기혁신과 공동의 성장을 위한
교사들의 필리버스터
윤양수·원종희·장군·조경삼 지음 | 280쪽 | 값 14,000원

 대한민국 입시혁명
참교육연구소 입시연구팀 지음 | 220쪽 | 값 12,000원

 함께 배움 이렇게 시작한다
니시카와 준 지음 | 백경석 옮김 | 196쪽 | 값 12,000원

 교사를 세우는 교육과정
박승열 지음 | 312쪽 | 값 15,000원

 함께 배움 교사의 말하기
니시카와 준 지음 | 백경석 옮김 | 188쪽 | 값 12,000원

 전국 17명 교육감들과 나눈 교육 대담
최창의 대담·기록 | 272쪽 | 값 15,000원

 교육과정 통합, 어떻게 할 것인가?
성열관 외 지음 | 192쪽 | 값 13,000원

 들뢰즈와 가타리를 통해 유아교육 읽기
리세롯 마리엣 올슨 지음 | 이연선 외 옮김 | 328쪽
값 17,000원

학교 혁신의 길, 아이들에게 묻다
남궁상운 외 지음 | 272쪽 | 값 15,000원

 프레이리의 사상과 실천
사람대사람 지음 | 352쪽 | 값 18,000원
2018 세종도서 학술부문

 혁신학교, 한국 교육의 미래를 열다
송순재 외 지음 | 608쪽 | 값 30,000원

 페다고지를 위하여
프레네의 『페다고지 불변요소』 읽기
박찬영 지음 | 296쪽 | 값 15,000원

 노자와 탈현대 문명
홍승표 지음 | 284쪽 | 값 15,000원

 선생님, 민주시민교육이 뭐예요?
염경미 지음 | 244쪽 | 값 15,000원

 어쩌다 혁신학교
유우석 외 지음 | 380쪽 | 값 17,000원

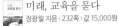 **미래, 교육을 묻다**
정광필 지음 | 232쪽 | 값 15,000원

 대학, 협동조합으로 교육하라
박주희 외 지음 | 252쪽 | 값 15,000원

입시, 어떻게 바꿀 것인가?
노기원 지음 | 306쪽 | 값 15,000원

 촛불시대, 혁신교육을 말하다
이용관 지음 | 240쪽 | 값 15,000원

 라운드 스터디
이시이 데루마사 외 엮음 | 224쪽 | 값 15,000원

 미래교육을 디자인하는 학교교육과정
박승열 외 지음 | 348쪽 | 값 18,000원

 흥미진진한 아일랜드 전환학년 이야기
제리 제퍼스 지음 | 최상덕·김호원 옮김 | 508쪽 | 값 27,000원
2019년 대한민국학술원 우수학술도서

 폭력 교실에 맞서는 용기
따돌림사회연구모임 학급운영팀 지음 | 272쪽 | 값 15,000원

 그래도 혁신학교
박은혜 외 지음 | 248쪽 | 값 15,000원

 학교는 어떤 공동체인가?
성열관 외 지음 | 228쪽 | 값 15,000원

 학교 민주주의의 불한당들
정은균 지음 | 276쪽 | 값 14,000원

 교육과정, 수업, 평가의 일체화
리사 카터 지음 | 박승열 외 옮김 | 196쪽 | 값 13,000원

 학교를 개선하는 교장
지속가능한 학교 혁신을 위한 실천 전략
마이클 풀란 지음 | 서동연·정효준 옮김 | 216쪽 | 값 13,000원

 공자면, 논어는 이것이다
유문상 지음 | 392쪽 | 값 18,000원

 교사와 부모를 위한
발달교육이란 무엇인가?
현광일 지음 | 380쪽 | 값 18,000원

 교사, 이오덕에게 길을 묻다
이무완 지음 | 328쪽 | 값 15,000원

 낙오자 없는 스웨덴 교육
레이프 스트란드베리 지음 | 변광수 옮김 | 208쪽 | 값 13,000원

 끝나지 않은 마지막 수업
장석웅 지음 | 328쪽 | 값 20,000원

 경기꿈의학교
진흥섭 외 지음 | 360쪽 | 값 17,000원

 학교를 말한다
이성우 지음 | 292쪽 | 값 15,000원

 행복도시 세종, 혁신교육으로 디자인하다
곽순일 외 지음 | 392쪽 | 값 18,000원

 나는 거꾸로 교실 거꾸로 교사
류광모·임정훈 지음 | 212쪽 | 값 13,000원

 교실 속으로 간 이해중심 교육과정
온정덕 외 지음 | 224쪽 | 값 13,000원

 교실, 평화를 말하다
따돌림사회연구모임 초등우정팀 지음 | 268쪽 | 값 15,000원

 학교자율운영 2.0
김용 지음 | 240쪽 | 값 15,000원

 학교자치를 부탁해
유우석 외 지음 | 252쪽 | 값 15,000원

 국제이해교육 페다고지
강순원 외 지음 | 256쪽 | 값 15,000원

교사 전쟁
다나 골드스타인 지음 | 유성상 외 옮김 | 468쪽 | 값 23,000원

 인공지능 시대의 사회학적 상상력
홍승표 지음 | 260쪽 | 값 15,000원

 시민, 학교에 가다
최형규 지음 | 260쪽 | 값 15,000원

 학교를 살리는 회복적 생활교육
김민자·이순영·정선영 지음 | 256쪽 | 값 15,000원

 교사를 위한 교육학 강의
이형빈 지음 | 336쪽 | 값 17,000원

 혁신교육지구 현장을 가다
이용운 외 지음 | 348쪽 | 값 18,000원

 새로운학교 학생을 날게 하다
새로운학교네트워크 총서 02 | 408쪽 | 값 20,000원

 세월호가 묻고 교육이 답하다
경기도교육연구원 지음 | 214쪽 | 값 13,000원

 미래교육, 어떻게 만들어갈 것인가?
송기상·김성천 지음 | 300쪽 | 값 16,000원
2019 세종도서 교양부문

 교육에 대한 오해
우문영 지음 | 224쪽 | 값 15,000원

 선생님, 페미니즘이 뭐예요?
염경미 지음 | 280쪽 | 값 15,000원

 평화의 교육과정 섬김의 리더십
이준원·이형빈 지음 | 292쪽 | 값 16,000원

 수포자의 시대
김성수·이형빈 지음 | 252쪽 | 값 15,000원

 혁신학교와 실천적 교육과정
신은희 지음 | 236쪽 | 값 15,000원

 삶의 시간을 잇는 문화예술교육
고영직 지음 | 292쪽 | 값 16,000원

 혐오, 교실에 들어오다
이혜정 외 지음 | 232쪽 | 값 15,000원

 혁신교육지구와 마을교육공동체는 어떻게 만들어지는가?
김태정 지음 | 376쪽 | 값 18,000원

살림터 참교육 문예 시리즈 영혼이 있는 삶을 가르치는 온 선생님을 만나다!

 꽃보다 귀한 우리 아이는
조재도 지음 | 244쪽 | 값 12,000원

 성깔 있는 나무들
최은숙 지음 | 244쪽 | 값 12,000원

 아이들에게 세상을 배웠네
명혜정 지음 | 240쪽 | 값 12,000원

 밥상에서 세상으로
김흥숙 지음 | 280쪽 | 값 13,000원

 우물쭈물하다 끝난 교사 이야기
유기창 지음 | 380쪽 | 값 17,000원

 선생님이 먼저 때렸는데요
강병철 지음 | 248쪽 | 값 12,000원

 서울 여자, 시골 선생님 되다
조경선 지음 | 252쪽 | 값 12,000원

 행복한 창의 교육
최창의 지음 | 328쪽 | 값 15,000원

 북유럽 교육 기행
정애경 외 14인 지음 | 288쪽 | 값 14,000원

 시험 시간에 웃은 건 처음이에요
조규선 지음 | 252쪽 | 값 15,000원

교과서 밖에서 만나는 역사 교실 상식이 통하는 살아 있는 역사를 만나다

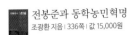
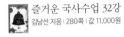
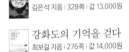

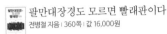
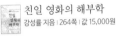
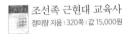

더불어 사는 정의로운 세상을 여는 인문사회과학 사람의 존엄과 평등의 가치를 배운다

밥상혁명
강양구·강이현 지음 | 298쪽 | 값 13,800원

도덕 교과서 무엇이 문제인가?
김대용 지음 | 272쪽 | 값 14,000원

자율주의와 진보교육
조엘 스프링 지음 | 심성보 옮김 320쪽 | 값 15,000원

민주화 이후의 공동체 교육
심성보 지음 | 392쪽 | 값 15,000원
2009 문화체육관광부 우수학술도서

갈등을 넘어 협력 사회로
이창언·오수길·유문종·신윤관 지음 | 280쪽 | 값 15,000원

동양사상과 마음교육
정재걸 외 지음 | 356쪽 | 값 16,000원
2015 세종도서 학술부문

교과서 밖에서 배우는 철학 공부
정은교 지음 | 280쪽 | 값 14,000원

교과서 밖에서 배우는 사회 공부
정은교 지음 | 304쪽 | 값 15,000원

교과서 밖에서 배우는 윤리 공부
정은교 지음 | 292쪽 | 값 15,000원

한글 혁명
김슬옹 지음 | 388쪽 | 값 18,000원

우리 안의 미래교육
정재걸 지음 | 484쪽 | 값 25,000원

왜 그는 한국으로 돌아왔는가?
황선준 지음 | 364쪽 | 값 17,000원
2019 세종도서 교양부문

좌우지간 인권이다
안경환 지음 | 288쪽 | 값 13,000원

민주시민교육
심성보 지음 | 544쪽 | 값 25,000원

민주시민을 위한 도덕교육
심성보 지음 | 500쪽 | 값 25,000원
2015 세종도서 학술부문

교과서 밖에서 배우는 인문학 공부
정은교 지음 | 280쪽 | 값 13,000원

오래된 미래교육
정재걸 지음 | 392쪽 | 값 18,000원

대한민국 의료혁명
전국보건의료산업노동조합 엮음 | 548쪽 | 값 25,000원

교과서 밖에서 배우는 고전 공부
정은교 지음 | 288쪽 | 값 14,000원

전체 안의 전체 사고 속의 사고
김우창의 인문학을 읽다
현광일 지음 | 320쪽 | 값 15,000원

카스트로, 종교를 말하다
피델 카스트로·프레이 베토 대담 | 조세종 옮김
420쪽 | 값 21,000원

일제강점기 한국철학
이태우 지음 | 448쪽 | 값 25,000원

한국 교육 제4의 길을 찾다
이길상 지음 | 400쪽 | 값 21,000원
2019 세종도서 학술부문

마을교육공동체 생태적 의미와 실천
김용련 지음 | 256쪽 | 값 15,000원

평화샘 프로젝트 매뉴얼 시리즈 학교폭력에 대한 근본적인 예방과 대책을 찾는다

학교폭력 어떻게 만들어지는가
문재현 외 지음 | 300쪽 | 값 14,000원

아이들을 살리는 동네
문재현·신동명·김수동 지음 | 204쪽 | 값 10,000원

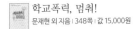
학교폭력, 멈춰!
문재현 외 지음 | 348쪽 | 값 15,000원

평화! 행복한 학교의 시작
문재현 외 지음 | 252쪽 | 값 12,000원

왕따, 이렇게 해결할 수 있다
문재현 외 지음 | 236쪽 | 값 12,000원

마을에 배움의 길이 있다
문재현 지음 | 208쪽 | 값 10,000원

젊은 부모를 위한 백만 년의 육아 슬기
문재현 지음 | 248쪽 | 값 13,000원

별자리, 인류의 이야기 주머니
문재현·문한뫼 지음 | 444쪽 | 값 20,000원

우리는 마을에 산다
유양우·신동명·김수동·문재현 지음 | 312쪽 | 값 15,000원

동생아, 우리 뭐 하고 놀까?
문재현 외 지음 | 280쪽 | 값 15,000원

누가, 학교폭력 해결을 가로막는가?
문재현 외 지음 | 312쪽 | 값 15,000원

남북이 하나 되는 두물머리 평화교육 분단 극복을 위한 치열한 배움과 실천을 만나다

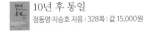
10년 후 통일
정동영·지승호 지음 | 328쪽 | 값 15,000원

선생님, 통일이 뭐예요?
정경호 지음 | 252쪽 | 값 13,000원

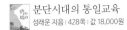
분단시대의 통일교육
성래운 지음 | 428쪽 | 값 18,000원

김창환 교수의 DMZ 지리 이야기
김창환 지음 | 264쪽 | 값 15,000원

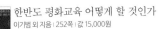
한반도 평화교육 어떻게 할 것인가
이기범 외 지음 | 252쪽 | 값 15,000원

창의적인 협력 수업을 지향하는 삶이 있는 국어 교실 우리말 글을 배우며 세상을 배운다

중학교 국어 수업 어떻게 할 것인가?
김미경 지음 | 340쪽 | 값 15,000원

토론의 숲에서 나를 만나다
명혜정 엮음 | 312쪽 | 값 15,000원

토닥토닥 토론해요
명혜정·이명선·조선미 엮음 | 288쪽 | 값 15,000원

인문학의 숲을 거니는 토론 수업
순천국어교사모임 엮음 | 308쪽 | 값 15,000원

어린이와 시
오인태 지음 | 192쪽 | 값 12,000원

수업, 슬로리딩과 함께
박경숙 외 지음 | 268쪽 | 값 15,000원

언어던
정은균 지음 | 268쪽 | 값 15,000원
2019 세종도서 교양부문

민촌 이기영 평전
이성렬 지음 | 508쪽 | 값 20,000원

감각의 갱신, 화장하는 인민
남북문학예술연구회 | 380쪽 | 값 19,000원

참된 삶과 교육에 관한 생각 줍기